经济学学术前沿书系

XINXI BUDUICHEN SHIJIAO XIA
ZHONGGUO SHEHUI YILIAO BAOXIAN KONGFEI JIZHI YANJIU

信息不对称视角下
中国社会医疗保险控费机制研究

张羽 著

经济日报出版社

图书在版编目（CIP）数据

信息不对称视角下中国社会医疗保险控费机制研究 / 张羽著. — 北京：经济日报出版社，2019.8

ISBN 978-7-5196-0582-7

Ⅰ. ①信… Ⅱ. ①张… Ⅲ. ①医疗保险—费用控制—研究—中国 Ⅳ. ①F842.684

中国版本图书馆 CIP 数据核字（2019）第 166932 号

信息不对称视角下中国社会医疗保险控费机制研究

作　　者	张　羽
责任编辑	陈礼滟
责任校对	徐建华
出版发行	经济日报出版社
社　　址	北京市西城区白纸坊东街 2 号 A 座综合楼 710
邮政编码	100054
电　　话	010—63567683（编辑部）
	010—63538621　63567692（发行部）
网　　址	www.edpbook.com.cn
E — mail	edpbook@sina.com
经　　销	全国新华书店
印　　刷	北京建宏印刷有限公司
开　　本	710×1000 毫米　1/16
印　　张	13.875
字　　数	223 千字
版　　次	2019 年 8 月第一版
印　　次	2019 年 8 月第一次印刷
书　　号	ISBN 978-7-5196-0582-7
定　　价	49.00 元

目 录
CONTENTS

图目录

表目录

第一章　绪　论

第一节 研究背景与意义

一、研究背景

从世界各国的发展历程来看，一个国家从贫困走向富裕，有多重衡量指标以及外在的表现。在一国民众的层面上，具体包括远离死亡、远离饥饿、接受教育和增长见识、享有更多的个人隐私和选择机会。但是最重要的便是远离死亡。衡量这个方面的指标主要包括平均寿命、死亡率、婴儿死亡率等，与此最相关的便是社会卫生事业的发展。

新中国成立以来，我国经济持续稳定增长，社会事业全面进步，人民生活得到明显改善。经济社会的巨大发展和政府对民生的重视共同推动了卫生事业的全面进步，主要表现为医疗卫生条件不断改善，医务人员素质不断提高，覆盖城乡的医疗卫生体系逐步建立。据统计，从 1950 年至 2016 年，我国医疗卫生机构数增长 110 倍，卫生人员数增长 18 倍，人口死亡率降低 10‰，人民期望寿命得到大幅度提升，人民健康指标持续改善。[①]

然而，在我国卫生事业蓬勃发展的同时，医疗费用也在飞速增长，且呈现出增速过快的趋势。如表 1-1 所示，统计表明，在 2004 年至 2016 年期间，我国卫生总费用持续高速增长，从 2004 年的 7590.29 亿元增长到 2016 年的 46344.88亿元，[②]且卫生总费用年增长率始终超过GDP年增长率，卫生总费用占 GDP 的比重也在不断增加，从 2004 年的 4.76% 上升到 2016 年的 6.23%。在政府卫生支出方面，从 2002 年的 908.51 亿元增长到 2016 年的 13910.30 亿元，14 年间增长超过 15 倍。[③]在社会医疗保险制度方面，医疗保险基金支出逐年增加，城镇职工医疗保险基金支出从 2006 年的 1276.70 亿元增长到 2015

① 中华人民共和国国家卫生和计划生育委员会 .2017 中国卫生和计划生育统计年鉴［M］. 北京：中国协和医科大学出版社，2017：3，25，231.

② 中华人民共和国国家统计局（http：//data.stats.gov.cn/easyquery.htm?cn=C01&zb=A0O0K&sj=2016）。

③ 中华人民共和国国家统计局（http：//data.stats.gov.cn/easyquery.htm?cn=C01&zb=A0O0K&sj=2016）。

年的7531.50亿元，[①]新型农村合作医疗基金支出从2006年的155.80亿元增长到2015年的2933.41亿元。[②]医疗支出已经成为我国居民继食品支出、教育支出后的第三大消费支出。

表 1-1 2004—2016 年我国卫生总费用情况

年份	卫生总费用（亿元）	GDP（亿元）	卫生总费用年增长率（%）	GDP 年增长率（%）	卫生总费用占 GDP 的比重（%）
2004	7590.29	159453.60	15.28	10.1	4.76
2005	8659.91	183617.37	14.09	11.3	4.72
2006	9843.34	215904.41	13.67	12.7	4.56
2007	11573.97	266422.00	17.58	14.2	4.34
2008	14535.40	316030.34	25.59	9.6	4.60
2009	17541.92	340319.95	20.68	9.2	5.15
2010	19980.39	399759.54	13.90	10.3	5.00
2011	24345.91	468562.38	21.85	9.3	5.20
2012	28119.00	516282.06	14.38	7.7	5.40
2013	31668.95	590422.40	13.73	7.8	5.36
2014	35312.40	635910.00	11.50	7.3	5.55
2015	40974.64	689052.10	16.03	6.9	5.95
2016	46344.88	743585.50	13.11	6.7	6.23

数据来源：中华人民共和国国家统计局（http：//data.stats.gov.cn/easyquery.htm?cn=C01&zb=A0O0K&sj=2016）。

医疗费用的快速增长同样也是世界各国普遍面临的问题。在过去几十年里，许多发达国家也经历着医疗费用的高速增长。例如，日本卫生总费用在1970年至2000年增长超过15倍，而美国卫生总费用在1970年至2008年间增长超过31倍，人均收入超万美元的北欧国家，医疗费用也在不断攀升。[③]许多发达国家卫生总费用占GDP的比重在最近几十年内一直在逐年上升（见表1-2）。据《2010年世界卫生统计》，2007年全球卫生总费用占全球GDP

① 中华人民共和国国家统计局（http：//data.stats.gov.cn/easyquery.htm?cn=C01&zb=A0S0Z&sj=2016）。

② 中华人民共和国国家统计局（http：//data.stats.gov.cn/easyquery.htm?cn=C01&zb=A0O0J&sj=2016）。

③ OECD 中文官方网站（www.oecdchina.org/）。

的比重已经高达 9.7%。[①]

表 1-2　1960—2007 年部分国家卫生总费用占 GDP 的比重

（单位：%）

国家＼年份	1960	1970	1980	1990	1995	2000	2007
澳大利亚	4.1	5.0	7.0	7.8	8.2	8.3	8.9
加拿大	5.4	7.0	7.1	9.0	9.2	8.8	10.1
法国	4.2	5.8	7.6	8.6	9.5	10.1	11.0
日本	3.0	4.5	6.4	5.9	6.8	7.7	8.0
荷兰	3.9	6.9	7.5	8.0	8.4	8.0	8.9
瑞典	4.7	6.7	8.8	8.2	8.1	8.2	9.1
英国	3.9	4.5	5.6	6.0	7.0	7.0	8.4
美国	5.1	7.0	8.8	12.0	13.4	13.4	15.7

数据来源：OECD 中文官方网站（http：//www.oecdchina.org/）。

医疗费用的快速增长给我国人民群众带来了沉重的经济负担，导致许多人有病却不愿就医。据 2013 年国家卫生计生委第五次国家卫生服务调查结果显示，新发病例未就诊比例为 27.3%，其中因为经济困难或认为就诊太贵的病人占所有未就诊病人的 7.6%，经医生诊断需住院而未住院的比例为 17.1%，其中因为经济困难而未住院的病人占所有被诊断需住院病人的 7.4%。[②] 人们依然面临“看病难”“看病贵”的难题，而且“因病致贫”“因病返贫”的现象屡见不鲜。

按照国家统计局的统计标准，我国的卫生总费用包括三个构成部分：政府卫生支出、社会卫生支出、个人现金卫生支出。通过数据分析我们可以发现，我国卫生费用增长最大的一个拉动力量是社会卫生支出（具体分析见本书第五章）。而社会卫生支出中，绝大部分是由社会医疗保险基金支出构成的。

与人民群众生活直接相关的医疗费用，则是由社会卫生支出和个人现金卫生支出构成。在本书第五章对两者进行了详细地比较，结果表明，近年来，社会卫生支出在构成比例、增长速度等方面，都远远超过了个人现金卫生支出。

① 世界卫生组织 .2010 年世界卫生统计（http：//www.who.int/gho/publications/world_health_statistics/zh/）。

② 国家卫生计生委统计信息中心 .2013 第五次国家卫生服务调查分析报告 .2016 年 10 月，中华人民共和国国家卫生和计划生育委员会统计信息中心（http：//www.nhfpc.gov.cn/mohwsbwstjxxzx/s8211/201610/9f109ff40e9346fca76dd82cecf419ce.shtml），第 40，41，49，50，51 页。

国家统计局数据显示，2016年社会医疗保险基金支出占社会卫生支出的比重超过50%。通过对社会医疗保险基金支出的分析我们可以发现，社会医疗保险基金支出的增长速度远远超过了我国GDP的增长速度和卫生总费用的增长速度。

所有的分析结果都表明，社会医疗保险基金支出的增长是我国卫生总费用增长的最主要拉动力量。

医疗保险费用支出的增长是由多种因素引起的，但是主要可以分为两个方面：一方面是合理的增长，其原因包括经济的发展、医疗技术的进步、疾病的变化、人们观念的转变等；另外一方面是不合理的增长，本书认为其原因包括制度的因素和社会保险本身第三方支付的特点引起的道德风险。

随着经济增长、人口增加、人口老龄化程度加深、医疗技术进步、人们对医疗保健需求增加等原因，医疗费用的增长在所难免，然而已经有相关研究证明，20%~30%的医疗资源浪费在过度医疗上。由于医疗服务市场是一个相对垄断的市场，医生（或医院）、患者、医疗保险机构对医疗服务的价格、内容、效果等方面都存在着严重的信息不对称。患者在就医时只能被动接受医生提供的方案，在有关卫生行政部门监管不到位的前提下，部分医生（或医院）为了追求利益最大化常常会利用信息优势对患者进行诱导需求，小病大治、多检查、多开药、延长住院时间，这与患者的少花钱、治好病的初衷背道而驰。在保险第三方支付存在的前提下，患者也会产生道德风险行为，对医疗服务进行过度消费，或是与医生进行合谋共同获取更高的利益。上述行为均会导致过度医疗的产生，进而会导致社会医疗保险费用与医疗费用的不合理上升。

因此，为了促进医疗卫生事业的健康发展与社会医疗保险体系的不断完善，保障患者的健康权利，控制社会医疗保险费用不合理上升是十分必要的。

二、研究目的和意义

（一）研究目的

在医疗服务市场中，医生（或医院）、患者、医疗保险机构是相互独立的经济主体。医生受过专业的教育和技术培训，因此相对于患者和医疗保险机构而言，具有绝对的信息优势。可以说，就是由于这种信息优势的存在，才形成医疗服务市场，才形成医生这种职业。如果没有信息不对称，就不会有医生与患者的对立，也不会有医疗保险机构的存在。医疗服务市场中的各个经济主体在信息不对称的前提下追求个人利益最大化，是我国社会医疗保险费用不合理上升的直接原因。

本书的研究目的有：第一，通过回顾我国医疗保险制度的变革历程，发现我国社会医疗保险费用不合理上升的历史性因素和制度性因素；第二，通过历年数据分析出我国社会医疗保险费用存在过快增长的问题，并指出控制其继续高速增长的必要性；第三，通过分析医疗服务市场的特殊性，找出医生和患者发生道德风险的市场性因素；第四，从历史性、制度性和不完全信息的角度分析社会医疗保险费用的不合理上升机制；第五，通过分析国外医疗保险费用的控制措施，找出可以为我国所借鉴的实践经验；第六，结合我国实际，通过模型推导，提出符合我国国情的控制社会医疗保险费用的设想和建议。

（二）研究意义

1. 本书的理论意义

（1）有助于推动我国社会医疗保险费用上升问题的研究。尽管社会医疗保险费用的上升一直以来都是学术界讨论的热点，然而这个问题需要通过多个层面来讨论。例如：医疗保险费用上升的原因有哪些？合理与不合理的原因分别是什么？医生在什么样的条件下会发生诱导需求？历史性与制度性因素是什么？医患合谋存在的前提是什么？应该如何减少信息搜寻成本？本书将尝试对这些问题进行深入的分析和探讨。

（2）有助于推动信息不对称理论在医疗服务市场的运用和发展。事实上，信息不对称构成了医疗服务市场存在的基础，如果信息完全，那么人人都可以为自己看病，医生便没有存在的必要。信息不对称造成了医疗服务市场对完全竞争市场的偏离，无论怎样设计制度，都不可能达到最优均衡。医疗服务市场中医、患、保三方均存在数量与质量上的信息不对称。本书试图帮助人们更好地理解信息不对称下医疗服市场各经济主体的行为，以及探索如何减少信息搜寻成本和信息不对称带来的市场失灵。

2. 本书的现实意义

如上所述，社会医疗保险费用的不合理上升已经给我国人民带来了沉重的经济负担，并对稀缺的医疗卫生资源造成不必要的浪费。历史性与制度性因素是问题基础，主体利益最大化是问题诱因，信息不完全是问题关键，仅从单方面来讨论社会医疗保险费用的上升都是不可取的。本书全面分析，深入研究，对于控制我国社会医疗保险费用的不合理上升，推动下一步医药卫生体制改革具有很强的现实意义。第一，“看病难”“看病贵”是人们长期以来就医时的普遍看法，本书的研究从公立医院补偿机制、医疗服务的价格体系以及医生的绩效机制入手，研究医生的诱导需求行为，并提出制约该行为的有效措施，对于减轻患者经济负担、缓解当前医患矛盾具有非常重要的现实意义；第二，由于保险的存在，患者在第三方支付的前提下容易产生对医疗服务过度消费的欲望，甚至与医生进行合谋，导致我国社会医疗保险费用支出的增加和医疗卫生资源的浪费，本书提出措施约束该行为的发生，对于维护人们健康保障权的公平性和医疗卫生资源使用的合理性都具有重要的现实意义；第三，对社会医疗保险费用不合理上升的控制，对于保持社会医疗保险基金收支平衡、社会医疗保险制度可持续发展都至关重要，对改善民生和维护国家的稳定与发展具有重要的现实意义。

第二节 研究对象及其界定

一、社会医疗保险

（一）社会医疗保险的概念

社会医疗保险（Social Medical Insurance）是国家通过立法，强制性地由国家、单位和个人缴纳医疗保险费，建立医疗保险基金，当个人因疾病需要获得必需的医疗服务时，由社会医疗保险机构按规定提供医疗费用补偿的一种社会保险制度。公费医疗制度、劳保医疗制度、城镇职工基本医疗保险制度和合作医疗制度都是我国社会医疗保险制度的具体形式。[①]

（二）社会医疗保险的特点

社会医疗保险基本特点包括以下四点。

---

① 卢祖洵．社会医疗保险学［M］．北京：人民卫生出版社，2003：4.

1. 福利性

由于社会医疗保险是一项公共事业，因此福利性质是其最大的特点，具体表现为：第一，不以营利为目的，把整个社会的效用放在第一位；第二，体现社会公平，参保人患病时均可得到相应的补偿；第三，体现政府和社会的责任。

2. 强制性

由于我国的社会医疗保险是通过立法强制实施的，因此可以有效解决商业医疗保险中存在的逆向选择问题，具体表现为：第一，任何单位和员工都必须参保，不带有自愿性质，而且社会医疗保险机构也必须接受前来参保的单位和个人；第二，用人单位、个人、财政部门都必须按时并且足额缴纳保费。

3. 经济性

我国的社会医疗保险既是一种保障制度，同时还兼具经济性，具体表现为：第一，从个人角度来看，社会医疗保险减少了因患病带来的经济损失，从整个社会角度来看，社会医疗保险减少了因劳动者患病带来的生产影响；第二，从劳动力再生产的角度来看，社会医疗保险相当于为劳动力的再生产筹集并注入资金。

4. 公益性

具体表现为：第一，社会医疗保险涉及多个机构部门，需要各方协调努力才能保证社会医疗保险正常运转和发挥作用；第二，社会医疗保险保障的不仅是个人利益，同样也是全社会共同的利益。

二、社会医疗保险系统的基本构成

我国社会医疗保险系统的基本结构如图 1-1 所示，包括被保险人、医疗服务供方和社会医疗保险机构三方。①

① 卢祖洵 . 社会医疗保险学［M］. 北京：人民卫生出版社，2003：26.

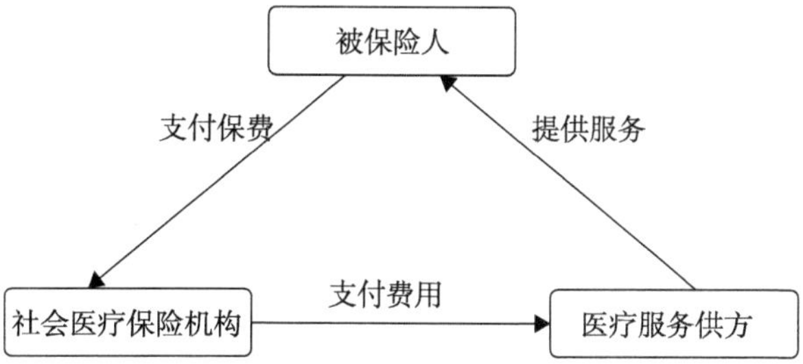

图 1–1 社会医疗保险系统的基本结构

(一)被保险人

在社会医疗保险中，被保险人是指医疗服务的需求者和医疗保险的需求者。被保险人按照规定向医疗保险机构缴纳保费并签订医疗保险合同，在消费医疗服务时发生的医疗费用可以按照保险合同获得相应比例的经济补偿。

(二)医疗服务供方

在社会医疗保险系统中，医疗保险供方指的是经过资格审定的定点医院和药店。在被保险人患病或受伤时，医疗服务供方向被保险人提供医疗服务，在事后按照规定获得相应费用补偿。

(三)社会医疗保险机构

社会医疗保险机构指的是具体办理保险业务的机构。

除此之外，社会医疗保险机构还对医疗服务供方、参保用人单位和个人进行管理和监督。在现代社会医疗保险系统中，政府起到了越来越重要的作用，特别是在基本医疗和预防保健服务领域。因此，医、患、保三方和政府共同构成了现代社会医疗保险系统的主体，用图 1–2 来表示。

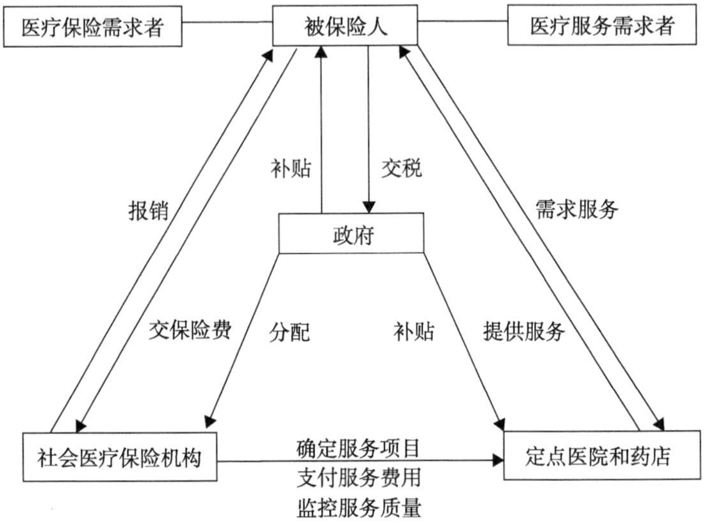

图 1-2　社会医疗保险系统关系示意图

三、社会医疗保险费用

本书所指的社会医疗保险费用，是参保人员对医疗服务的消费而发生的医疗费用总和，主要由以下几个方面构成：

（1）个人自付卫生费用；

（2）用人单位补偿卫生费用；

（3）社会医疗保险补偿卫生费用。其中，社会医疗保险补偿卫生费用是社会医疗保险费用的主要部分。

四、社会医疗保险费用的不合理上升

医疗费用的过快增长，已经成为我国医疗保障事业发展的主要障碍之一。在医疗费用中，占比不断提高、增长速度最快的便是社会医疗保险费用的支出。因此，对医疗保险费用的过快增长进行研究，在当前情况下具有重要的理论和现实意义。这也正是本书选题的目的所在。

社会医疗保险费用在不断地上升，而且其年增长率远远超越我国卫生总费用和 GDP 的年增长率。究其原因，总体来说可以分为两大类。第一类是合理的上升，主要包括：经济发展，人民收入水平提高，对健康需求增加；人口增长和人口老龄化导致患者数量增加和发病率上升；医疗技术进步，医疗服务成本增加；通货膨胀等。第二类是不合理的上升，主要指在我国当前的医疗保险制度下，信息不对称导致的过度医疗等。无论是现实中的观察，还是学者的研究，都表明社会医疗保险费用不合理上升的部分已经占到了费用支出的相当比重，本书第五章对此有专门的分析。

本书对社会医疗保险费用的研究着眼于制度缺陷和信息不对称导致的费用不合理快速上升，其他原因不在本书研究范围之内。

由于信息不对称天然存在于医疗服务市场中，导致医疗服务市场低效和失灵，并造成了一定的福利损失，然而我们无法完全规避信息不对称，无法使医疗服务市场达到帕累托最优。因此，合理设计医疗保险制度，减少医患双方因信息不对称而产生的道德风险，对于控制我国社会医疗保险费用不合理上升和促进社会医疗保险健康发展至关重要。

第三节 总体思路与研究方法

一、论文的总体思路与框架

（一）论文的总体思路

本书首先对医疗保险费用增长的原因、道德风险及控制措施的国内外已有研究进行阐述，获得相应的理论基础。然后通过对我国社会医疗保险制度的历史变革回顾和现状分析，发现存在费用过快增长的问题，继而提出应当控制费用不合理上升的目标。通过对医疗服务市场进行经济学分析得出其存在医疗服务的特殊性、信息不对称、垄断、需求刚性、价格规制等特点，然后对我国社会医疗保险费用不合理上升的具体原因进行分析，指出在制度缺陷的前提下信息不对称会导致医生与患者发生道德风险，继而会造成社会医疗保险费用的不合理上升和医疗卫生资源的浪费。在借鉴国外对医疗保险费用控制经验的基础上，构建了约束医患道德风险以及减少信息不对称的模型，据此给出我国社会医疗保险费用的控制建议。

（二）研究的技术路线图（见图 1–3）

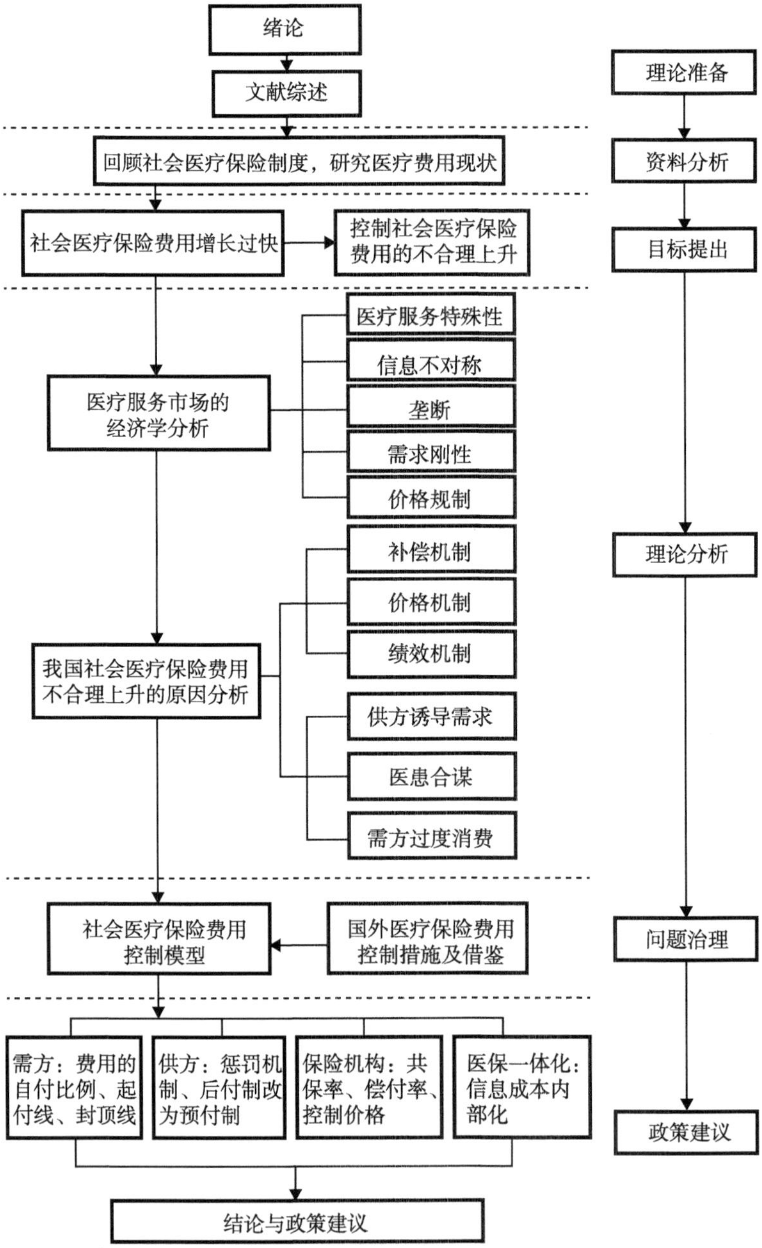

图 1–3　技术路线图

二、论文的主要研究内容

本书共有八章，主要的内容安排为：

第一章为绪论。阐述本书的研究背景、研究目的和意义，并对研究内容进行概念介绍和范围界定，然后给出研究的技术路线图，并对主要内容做简要阐述，最后阐述研究方法和本书的创新点。

第二章为文献综述。对国内外学者就医疗费用增长的原因、道德风险、支付方式和控制措施的研究进行简要陈述，为接下来的分析和研究做理论准备。

第三章为我国社会医疗保障的历程回顾、现状分析与问题提出。通过对我国社会医疗保险制度变革历程的回顾以及对现状的分析，发现医疗费用与社会医疗保险费用存在增长过快的问题，给人民带来经济负担，继而提出应该控制其过快增长的目标。

第四章为医疗服务市场的经济学分析。通过从经济学的角度来分析医疗服务市场，指出其具有医疗服务特殊性、信息不对称、垄断、需求刚性、价格规制的特点，存在市场失灵。医疗服务市场的特殊性为社会医疗保险费用的不合理上升提供了市场条件。

第五章为我国社会医疗保险费用不合理上升的原因分析。经过分析指出社会医疗保险费用的不合理上升是历史性、制度性因素和信息不对称双重作用的结果。其中历史性、制度性因素包括公立医院补偿机制、医疗服务价格规制、医生绩效机制；不完全信息导致的道德风险包括供方诱导需求、需方过度消费及医患合谋。

第六章为国外医疗费用控制及经验借鉴。文章阐述了国外医疗保险费用的现状及特点，并对其控制措施和发展趋势进行研究，最后给出英、德、美、日等代表性国家的医疗保险费用控制措施以及对我国的借鉴意义。

第七章为我国社会医疗保险费用不合理上升的控制机制设计。本章先对CTAM模型进行简要阐述，并根据我国医疗保险实际情况对模型进行修正，使其具有更好的解释力。然后在此基础上分别建立针对需方、供方的控制模型，以及内部化信息成本的模型，得到可以控制社会医疗保险费用不合理上升的理论结果。

第八章为我国社会医疗保险费用的控制建议。基于上文中的理论分析和模型推导，结合我国当前医疗保险费用控制过程中存在的问题，提出了一系列针对供方、需方道德风险和规避医、患、保之间信息不对称的具体措施，以此来对社会医疗保险费用不合理上升进行有效控制。

三、论文的研究方法

（1）文献研究法。在相关文献资料的基础上，对已有的国内外学者关于社会医疗保险费用上升的原因、道德风险及费用控制，社会医疗保险制度的历程、现状及问题，公立医院补偿机制、医疗服务价格体系及医生绩效机制的演变，国外医疗保险费用控制措施等文献进行充分的研究，作为本书研究的基础。

（2）理论分析法。运用不完全信息理论、健康需求理论、道德风险理论、诱导需求理论、博弈论、一体化理论等分析了社会医疗保险费用不合理上升的原因以及对费用的控制。

（3）数据分析法。通过对国内外卫生总费用、GDP、政府卫生支出、社会卫生支出、个人卫生支出、我国社会医疗保险基金支出等数据进行对比分析，并在此基础上做出图形进行其内在联系与费用增长趋势分析，以此作为发现问题、提出问题的现实基础。

（4）模型分析法。结合我国社会医疗保险的实际情况，对 CTAM 模型进行修正，可以很好地解释医疗服务供方与需方发生道德风险行为的动力原因，在此基础上对模型加入约束条件，通过推导得出分别针对供方、需方、支付方和减少信息成本的理论结果。

第四节　本书的创新与不足

一、创新之处

（1）本书指出中国社会医疗保险费用不合理上升的原因包括历史性、制度性因素及信息不对称。在制度缺陷的前提下，市场中各经济主体利用信息不对称追求利益最大化导致社会医疗保险费用不合理上升。

（2）本书使用因素分析法，对我国卫生总费用的各个组成部分进行分析，得出推动我国卫生总费用增长的最主要因素是社会医疗保险基金的支出。

（3）本书在对供需双方的道德风险进行分析时，指出由于我国对医疗服务市场的价格规制，价格存在粘性，而非传统分析中的价格可以迅速调整。

（4）本书引入 CTAM 模型，并对其进行修正，得到对我国现状更具有解释力的模型，并在此基础上，对模型加入分别针对供方、需方和保险机构的限制条件，通过模型推导得出控制社会医疗保险费用不合理上升的理论措施。

二、不足之处

（1）对于社会医疗保险费用的不合理上升，本书只是从理论上进行分析研究，缺乏相应的数据支持，无法得出不合理上升占整个费用上升的实际比例。此外，对于道德风险造成的福利损失也缺乏实证分析。

（2）对于本书给出的控制社会医疗保险费用不合理上升的对策建议，仅是从模型和理论的角度出发，可能缺乏实际操性。

第二章　文献综述

第一节　国外文献综述

国外对医疗保险费用的研究始于20世纪60年代。西方发达国家从20世纪50年代起为了提高社会福利，开始了大规模的医疗保障政策扩张，然而到了六七十年代，医疗保险费用的急剧上升给各国政府带来了沉重的财政负担，为此各国学者开始就医疗保险费用的增长原因与合理控制展开了一系列研究。

一、对增长原因的研究

纽约市立大学教授迈克尔·格罗斯曼（Michael Grossman）自20世纪70年代开始从需求的角度研究医疗问题。他将健康视作一种人力资本，把加里·贝克尔（Gary S.Becker）提出的人力资本观念拓广到健康领域，至今已经形成较为完善的健康需求理论。在1972年建立的模型中，格罗斯曼指出，每一个人在出生时都带有一定的健康存量，人可以为生命进行健康投资，进而可以选择自己的生命长短。健康资本与其他资本一样也存在折旧，因此必须通过健康投资来补充健康资本的消耗。健康资本增加消费者效用的原因在于能够生产健康时间。在模型分析中，他还指出，影响消费者健康需求的主要因素有：教育程度、工资率、工资外收入、环境及生活方式、健康资本的折旧率、医疗保险、医疗服务价格、健康资本存量、时间成本。

莫林·克劳珀（M.L.Cropper）（1977）在格罗斯曼模型的基础上建立了新的模型，该模型引入生病概率这个不确定因素。模型假设人有健康与生病两种状态，通过健康投资可以减少生病的概率，所以可以将此时的健康投资视为一种预防性的投资：投资越多，健康资本存量越大，生病概率越低；投资越少，健康资本存量越小，生病概率越高。

利力亚斯（Liljas）（1998）在建立的模型中也引入了不确定因素，该模型假设影响健康资本存量的随机项是一个不确定因素。该模型得出的结论是：与确定情况相比，随机项的存在导致最优健康资本更大，与不存在不确定性因素的模型相比，当存在不确定性时，消费者对医疗和健康的需求都会增加。该模型还指出，社会医疗保险会降低最优健康资本存量，而商业医疗保险会增加最优健康资本存量。

纽豪斯（Newhouse）（1977）从实证的角度研究经济合作与发展组织（OECD）中各个国家影响医疗费用的因素。他通过研究认为，影响卫生总费用最重要的因素是收入，而非收入因素相比而言并不重要。这一研究在国际上引起了很大的争议。纽豪斯通过研究 OECD 中 13 个国家的数据发现，引起医疗支出变化的因素中，超过 90% 与收入的变化相关，也就是说，收入的变化是导致医疗支出变化的主要原因。通过计算，纽豪斯还得出上述国家医疗服务的收入弹性在 1.15 到 1.31 之间，因此医疗服务在上述国家中对消费者而言属于奢侈品范畴。此外，他通过对比卫生支出不同的国家的消费者的健康状况得出结论，卫生支出与健康状况和死亡率并没有直接的关系。

随后，列伊（Leu）（1986）也通过实证的方式研究 OECD 中 19 个国家的数据。他通过研究、分析得出的结论与纽豪斯的结论比较相似：影响各国卫生支出的最主要变量依然是收入，各国消费者对医疗服务的收入弹性在 1.18~1.36 之间。然而，列伊对纽豪斯的研究做出了批评，他认为，除了收入，还有诸如人口老龄化程度、城市化程度、政府支出在卫生总支出所占的比例等非收入因素也会导致卫生支出发生变化。

在格罗斯曼提出的健康需求理论的基础上，有学者进一步研究影响消费者医疗需求和健康需求的其他因素。赛斯（Saez M.）和穆里洛（Murillo C.）在 1994 年发表的文章中指出，不同收入层次的消费人群对医疗保健的收入弹性不同：在低收入人群中，消费者对医疗保险的收入弹性较大，而在高收入人群中，没有明显的表征关系。因为在高收入人群中，消费者不仅仅关注医疗服务，还关注医疗保健。

而哈廷（Huttin C.）（1997）在实证研究计算消费者对医疗服务需求的收入弹性时，发现健康状况会影响最终结果。健康状况越好，收入弹性越小；健康状况越差，收入弹性越大。

马泰奥（Matteo）（1998）通过实证研究得出结论：影响卫生总费用的因素主要有政府卫生支出的比例、人均收入、人均 GDP、城市化程度、政府支出在卫生总支出所占的比例等。

阿里斯特（Ariste）（2003）通过不同的样本先后对医疗服务的收入弹性进行计算。第一次计算收入弹性的结果为 1.33，结论是医疗服务是奢侈品。第二次阿里斯特扩大了样本量，计算收入弹性的结果小于 1，结论是医疗服务是必需品。

随着全球人口老龄化程度的加深，越来越多的学者开始将人口老龄化作为影响医疗费用的因素来进行相关研究。

弗里斯（Fries）（1980）提出了临死费用（Cost of Dying）的概念，他认为，人类在距离死亡最近的几年内发生的医疗费用要远超过其他生命时间内所发生的医疗费用，这是因为按照自然规律，人类在整个生命周期当中，疾病会集中在死亡前的最后几年内爆发。人口老龄化程度越深，对医疗服务的需求就越多。

卢比茨（Lubitz）（1993）通过一系列的实证研究发现，人在死亡前60天内发生了在人一生当中所有医疗费用的一半，进一步地，他还发现，人在死亡前30天内发生了在人一生当中所有医疗费用的40%。

兹韦费尔（Zweifel）（1999）通过对瑞士1983—1992年间的数据进行实证分析得出与上面几位学者相反的结论：人口老龄化并非造成卫生费用增长的原因，起主要关联作用的是人类生命周期剩余的平均年份。他通过观察计算城市和农村中被保险人临终前数年的数据发现，人口的年龄对卫生费用的影响有限，而生命剩余年限对卫生费用的影响较大。

随着医疗技术的进步与发展，许多学者将技术因素引入卫生费用增长的模型分析中，也证实了技术是导致卫生费用增长的重要原因。纽豪斯（1992）认为卫生费用的增长75%归因于医疗技术的革新。然而技术进步是一个综合指标，包括的内容很宽泛，诸如新型药品的研发、手术方式的改进、医疗设备科技含量的提升等，这些方面的技术进步很难用具体指标去衡量，因此许多学者在进行模型分析时常常使用替代性变量，例如：马泰奥（1998）将时间、医疗设备的数量、手术进展状况作为医疗技术进步的替代变量；奥克纳德（Okunade）（2002）将卫生领域的科研费用作为技术进步的替代变量。

除了以上学者的研究之外，还有很多国际性的组织自20世纪70年代开始对医疗费用增长的原因做了分析和研究。例如国际卫生组织（WHO）、经济合作与发展组织（OECD）、国际社会保障协会（ISSA）、国际劳动组织（ILO）等。

国际社会保障协会在1973年发布《关于医疗保险费用和疾病保险的报告》中指出，有三个方面导致医疗保险费用的增长：第一，人口年龄与疾病结构，具体包括人口数量的增长、人口老龄化程度、疾病的类型与结构分布；

第二，人类所处环境的变化，具体包括人口素质的提高、生活水平的提高、自然环境的变化；第三，医疗技术的进步，具体包括医疗的高度专业化和科学技术的发展。国际劳动组织在 1997 年发布的《社会保障下医疗费用增加、原因、可能的控制措施》中指出，有以下原因导致医疗保险费用的增长：第一，社会医疗保障覆盖面更广；第二，人类对健康更加重视；第三，人类生活方式与工作条件的改变；第四，医疗条件的改善，医疗服务从业人员的增加；第五，医疗支付方式的改变；第六，医疗管理系统管理费用及经营费用的增长。

综合以上学者以及各国际性组织的研究，我们可以将医疗（保险）费用的增长归纳总结为以下几个方面：第一，人口数量的增加以及人口老龄化的加深，这会直接导致病人数量的增加和发病率的上升；第二，健康观念的改变，表现为更加注重健康和保健；第三，由于人类生活方式的改变，饮食结构的变化，疾病结构也相应发生变化，心血管疾病、癌症、糖尿病或其他精神疾病的比例越来越大，天花、疟疾等疾病逐渐减少至消失；第四，医疗技术的发展与进步，使得新型药物、新型医疗器材等广泛应用；第五，医疗服务系统日趋复杂化，管理成本提高；第六，医疗保险范围的扩大，缺乏对医疗保险费用有效控制。

二、对道德风险的研究

阿罗（Arrow）（1963）在《不确定性和医疗保健的福利经济学》中指出，医疗服务市场普遍存在着风险和不确定性，风险承担的不可销售性和信息的不完全导致了医疗服务市场对最优状态的偏离，存在市场失灵。在需求方面，人们对医疗服务的需求是不规则、不可预测的；而在供给方面，医生由于占有绝对的信息优势常常会发生道德风险行为，比如诱导需求和价格歧视，医生之间几乎不存在公开的价格竞争，而且治疗效果也无法被他人所证实；对于医疗服务来说，存在一种特殊性质的不确定性，即对交易双方来说，不确定性有很大的差异。由于医疗知识非常复杂，医生对治疗结果和治疗可能性掌握的信息必然大大超过患者。在这种情况下，患者对治疗效果不确定，以及他自己的不确定性与他的医生所判断的不确定性可能大不相同。更进一步说，双方都认识到这种信息的不对称，而且这种认识扭曲了他们的关系。

波利（Pauly）（1968）认为，医疗保险会受到医疗服务需求方道德风险的影响。他指出，在医疗保险中常常会发生个体的道德风险，进而会导致医疗保险费用不合理增长，造成资源浪费。他认为医疗保险费用的支付应当也让投保人参与其中，这样可以降低来自需方求的道德风险造成的损失。

与波利不同，埃文斯（Evans）（1974）将视角从需方转移到供方。他经过研究指出，医生与患者之间存在着显著的信息不对称，医生具有信息优势，患者对医生提出的治疗方案、治疗数量等均存在信息盲区，因此只能被动接受。此时，医生为了个人利益最大化会对患者进行诱导需求，这也就是后来在健康经济学领域产生争议的概念——供给者诱导需求（或医生诱导需求）（Supplier-induced Demand）。该概念的解释一般有两种：第一种解释为医生为患者提供医疗服务的目的是出于个人利益最大化，而非患者利益最大化，第二种解释是如果医患之间不存在信息不对称，即患者完全掌握医生所掌握的信息，那么他就不会接受医生提供的医疗方案和医疗数量。无论是哪一种解释，医生与患者之间的供与求都会产生真实意义上的偏差。此外，埃文斯还提出了医生的目标收入假说，该假说指出，当整个医疗行业中医生的数量增加时，与传统经济理论相反，不仅不会因为竞争的存在导致价格下降，反而会产生价格上升且需求增加的现象，进而达到医生的目标收入。埃文斯通过理论分析和实证研究还得出结论：医生实施诱导需求并非没有成本，他必须在内心承受相应的心理成本。我们可以将这里的心理成本视为职业道德。

马丁·费尔德斯坦（Martin Feldstein）（1973）认为在医疗保险领域普遍存在道德风险，而且还会产生一定的福利损失。此外，费尔德斯坦和弗里德曼（Friedman）（1973）、曼宁（Manning）（1987）、弗里德曼、多德（Dowd）（1991）也就道德风险与福利损失之间的关系进行了类似的实证研究，这些研究估算了道德风险带来损失的数值。除此之外，研究还发现当人们购买保险后遭受了经济损失，人们可以通过保险赔付得到一定的收益，然而，与这个收益相比，保险中存在的道德风险所造成的福利的损失会更多。因此，控制保险中的道德风险行为可以有效地减轻社会福利损失，得到帕累托改进。此外研究还发现，如果政府没有对消费者购买保险进行相应的补贴，消费者倾向于不购买保险。

斯宾塞（Spence）、泽克霍瑟（Zeckhuanser）（1971）将医疗市场中的合同关系视为委托代理关系，并将可能发生的道德风险分为两种，第一种是事前道德风险，第二种是事后道德风险。事前道德风险的发生在代理人对委托人的真实信息完全了解之前，而事后道德风险发生在代理人对委托人的真实信息完全了解之后。这与我们当前分析道德风险的分类是一致的。保险机构在设计最优保险合同时，为了尽可能减少不必要的损失，往往会将两种道德风险联合考虑。马歇尔（Marshall）（1976）、哈里斯（Harris）、拉维夫（Raviv）（1978）、霍姆斯特罗姆（Holmstrom）（1978）、汤森德（Townsend）（1979）对这个方面都做了相应的研究和贡献。

斯塔尔（Starr）（1982）指出，自20世纪初期以来，随着医疗技术的进步和发展，许多新型医疗仪器和检查方式得到广泛应用，医生可以凭借这些工具对患者进行检查和诊断，以便进一步了解患者的真实情况，然而这就会造成医患之间更严重的信息不对称。一方面，患者因为医疗专业知识的缺乏而受到医生的诱导，对医疗效果更是难以有效评估；另一方面，医生还可以凭借新技术得到患者更全面的信息，造成医生滥用其信息的优势，进而进一步诱导患者过度医疗。

山·克里汀（Shan Cretin）（1987）对医生的诱导需求行为做了理论分析，他指出医生的诱导需求存在成本，而且报酬是递减的。诱导需求的目标不同，诱导需求受到的限制条件也不同：如果医生的目标是追求个人利益最大化，那么诱导需求的约束条件是成本的增加和利润的减少；如果医生的目标是追求个人效用最大化，那么诱导需求的约束条件是心理成本增加造成的负面效应。

格鲁伯（Gruber）、欧文斯（Owings）（1996）研究了美国1970年到1982年之间，生育率下降与医生诱导需求之间的问题。研究结果显示，美国的生育率在这12年间下降了约13.5%，而且该数值的下降与医生选择剖宫产率的上升有明显的相关性。他通过对数据做回归分析得到结论：生育率每下降10%，剖宫产率提高0.97%。同时研究结果还证实妇产科医生选择剖宫产替代自然生产与其个人收入明显相关。

芬克尔斯坦（Finkelstein）是近年来卫生经济学领域内著名的实证型学者。她的理论贡献主要体现在三个相互关联的方面：第一，关于保险市场信息不对称的存在性的实证分析。通过实证研究，她得出结论：保险市场确实存在信息不对称。然而由于私人信息的多维异质性，市场均衡可能无法显示出逆向选择和信息不对称，并且市场均衡也会为此而呈现低效。第二，关于医疗保险市场信息不对称造成福利损失的实证分析。之前学者们的实证分析集中在保险市场存在逆向选择，而对信息不对称造成的福利损失鲜有涉及，芬克尔斯坦先后利用了风险和偏好的联合贡献以及价格变量估算了信息不对称对医疗保险市场造成的福利损失，开创了该领域的先河。第三，关于公共干预对医疗市场和社会福利的影响的实证分析。该方面的研究表明，公共干预可以增加社会福利，例如可以带来医疗方面的创新，也可能会造成社会福利的损失，例如会产生私人长期医疗保险市场的“挤出效应”。因此，政府必须要对所要实施的卫生政策进行动态与静态的全面评估，对医疗保险制度进行积极创新。

三、对费用控制的研究

从 20 世纪 70 年代开始，随着各国卫生总费用和医疗保险支出的快速上升，各国开始注意加强对费用方面的控制研究。

波利（1968）是最早提出从医疗服务需方控制医疗保险费用思想的学者，并由此奠定了现代社会医疗保险控制道德风险和改变支付方式的理论基础。波利指出，在医疗保险中常常会发生个体的道德风险，进而导致医疗保险费用不合理增长。他认为医疗保险费用应当由患者和国家共同支付，让患者也参与其中，如此一来，共同支付的制度会有效制约来自患者方面的道德风险。除此之外，他还指出应该设立保险赔付起付线以及免赔的标准或制度。到今天为止，国际上依然通行共同支付与免赔和起付线的制度，由此可见，波利的关于控制需方道德风险的思想非常具有时代先进性。

与波利不同，埃文斯（1974）将控制的角度从需方转移到供方。他认为，由于医生和患者之间存在明显的信息不对称，那么医生会为了个人利益最大化对患者进行诱导需求，而患者处于信息劣势只能被动接受医生的治疗。埃文斯指出，为了控制医疗保险费用，政府应该制定健全的管理制度和有效的干预机制来约束医生的诱导需求行为，以此来保护患者的个人利益。

1974 年，美国联邦政府委托兰德公司进行了为期 8 年的健康保险实验。该实验的主要研究内容是投保人费用负担率的变化对医疗服务使用以及医疗费用支出的影响。实验结果表明，随着共付比率的升高，患者对医疗服务的使用率和住院率逐渐降低，医疗保险费用的下降程度也十分显著。兰德健康保险实验得出的结论是：对于一个典型的医疗服务需方来说，成本分担机制能够有效降低其产生的医疗保险费用，因此，为了控制医疗保险费用的快速增长，必须对共付机制进行科学合理的设计。

纽豪斯（1980）通过对医疗保险起付线对医疗服务需求的影响进行估计后指出，合理的设置起付线可以有效约束来自需方的道德风险，控制医疗保险费用的增长。

随后各国学者纷纷将控制医疗保险费用的重点转移到供方，通过改革医疗服务支付方式来有效控制医疗保险费用的过快增长。20 世纪 70 年代美国耶鲁大学的米尔斯（Mills）、费特（Fetter）、里德尔（Riedel）、艾福瑞（Averill）共同研究出（疾病）诊断相关分类法（Diagnosis Related Groups，DRGs）。它在病种的基础上，结合病情、并发症、临床表现、患者个人特征等因素将患者细分为 500~600 个诊断相关组，每个组预先设置付费标准，然后据组进行付费。DRGs 是目前世界上较为先进的支付方式之一，有助于减少医生诱导需求，控制医疗保险费用。

20 世纪 70—80 年代，美国为了更加有效地控制医疗保险费用的增长和扩大医疗保险福利范围，发展出一种新型医疗费用控制方式——管理式医疗【库珀（Cooper B.M.）（1998）、莱特（Light D.W.）（1999）、格雷姆鲍斯基亚（Grembowskia D.E.et al.）（2002）】。它是把医疗服务的费用控制与各方利益结合起来的一种新型医疗保险经营模式。管理式医疗的费用控制手段主要有：第一，采取合适的支付方式，主要包括按人头包干、按项目收费、按日给付、按病种给付；第二，对供方的管理，如通过合同条款、折扣价、续约协议、费用激励等；第三，医疗管理机制，主要包括医生与患者共同确定治疗方案、帮助提高医生水平等；第四，信息系统服务，包括提供大量医学进展信息方便远程诊断、医疗费用监测、电子档案管理等；第五，初级保健医生管理；第六，转诊制度的合理设计。

曼宁等（1987）从微观领域对医疗保险市场中的道德风险进行了详细的研究分析，他的结论是，供需双方都需要进行道德风险约束。他主张通过提高医疗费用共付率来限制需方的道德风险行为，而对于供方，他认为改变支付方式将会非常有用，减少供方进行诱导需求的利润空间和动力。

埃利斯（Ellis）、麦奎尔（McGuire）（1993）与曼宁的观点类似，他们也认为仅仅通过共付比率来单方面限制需方的道德风险具有一定的局限性。他们指出，应当建立供需双方共同分担的医疗保险制度，可以有效控制医疗保险费用的增长和减少资源浪费。

马澄涛（Albert Ma）、麦奎尔（1997）通过模型分析指出，医疗保险市场的均衡是各方利益主体在一定条件下追求个人利益最大化的行为而导致的结果。医生与患者可能会由于共同的利益而形成合谋，产生共同对医疗数量提出过度需求的行为。他们提出，针对需方必须合理设置共付比率以限制其对医疗服务的过度需求，对于供方，医疗保险机构需要合理设置赔付空间，避免过大或过小带来的诱导需求和压缩医疗数量的不良后果。此外，他们还引入了职业道德的概念，认为医疗保险机构必须设置最低职业道德标准，以防止医生提供医疗服务的质量下滑。他们在论文中分析了两种不完全市场中医疗保险的不同情况并指出，医疗市场中医生、患者、保险机构三方之间错综复杂的关系在很大程度上归因于市场不完全，也就是对完全竞争市场的偏离。他认为这种偏离产生的效率损失可以通过对给予供方适当的激励来弥补，一方面控制医疗费用增长过快，另一方面保证医生有动力提供高质量的医疗服务。他们认为保险机构设计体系结构和给供方的最优支付方式应该通过医患之间的互动联合模型来给定。

威廉·杰克（William Jack）、路易斯·希纳（Louise Sheiner）（1997）通过对比最优保险机制下存在补贴和不存在补贴的情况，发现如果在事前向供方支付医疗保险费用，那么存在补贴的保险机制的医疗费用支出会明显少于不补贴，而且福利水平也会得到显著提升。

弗兰克（Frank）、麦奎尔（2000）建立了两个不同的模型来对医生在不完全竞争市场中的行为进行了对比研究。第一个模型中假设没有医疗保险的存在，医生可以凭借信息优势决定医疗服务的价格和数量。医生在对医疗服务价格进行确定时并不是通过正常的价格机制，而是与其他竞争者对比，他只需要确保能够留住自己的患者即可。如此一来，在没有医疗保险存在的前提下，医生可以通过垄断性定价获得消费者剩余，而且会提供超过患者真实需要数量的医疗服务。第二个模型中假设存在医疗保险，此时医疗服务的价格由保险机构来确定，医生失去了自主定价权，然而医生依然占据决定提供医疗服务数量的主导地位。除此之外，麦奎尔还建立了 PID 模型（即医生诱导需求模型）讨论医生诱导需求与经济学上收入效应和替代效应之间的关系。该模型的结论是：当医生数量增加时，医生的诱导需求程度会增加，这主要受到收入效应的影响，而给付价格所产生的诱导需求则包括收入效应与替代效应。

维拉·埃尔南德斯（Vera Hernandez）（2003）通过委托代理模型来分析医疗保险的最优均衡和次优均衡，通过模型研究，他认为需方的道德风险可以通过治疗成本与患者健康状态之间的方差来进行衡量。

尼曼（Nyman）（2004）认为医疗产品的高价格会产生负面效应，会使医生更有动力进行诱导需求，因此应当对医疗产品进行合理定价，制定合理的利润空间。此外他还指出，应当对医疗保险机构在税收方面进行优惠减免政策。

巴尔代（Bardey）、勒叙尔（Lesur）（2005）重新评估了起付线以及保险合同中不完全赔付的作用。他们认为，应当针对病情严重程度不同制定不同的保险起付线和报销标准，病情较轻时，应实行不完全保险，让患者参与承担，当病情较重时，应实行完全保险，减轻患者的负担。

卡加迪·科克（Cagatay Koc）（2005）也有类似的结论。他认为患者的费用分担机制应当有区别地对待，门诊患者的费用分担比例可以相对较高，而对于住院患者来说，应当适当降低其费用分担的比例，甚至可以将比例降为零。

第二节　国内研究综述

国内关于医疗保险费用增长以及控制的研究主要集中于 20 世纪 90 年代至今的 20 多年，这是由于随着国家经济的发展和医药卫生体制改革的不断深入，总体上来说，社会医疗保险力度不断加深，保障范围不断扩大，在广度和深度上都较以往有了很大的发展。与此同时，其中所存在的问题也逐渐凸显出来。目前我国关于医疗保险费用的经济学研究主要集中于以下四个方面：关于医疗保险费用增长原因的研究、医疗保险费用道德风险的研究、医疗保险费用支付方式的研究以及医疗保险费用控制机制的研究。

一、对增长原因的研究

《2003 年第三次国家卫生服务调查分析报告》提出，人口数量增加、人口结构老年化、城镇化是医疗保险费用增长的重要原因。报告提出“过去10年，我国人口增加1.1亿，65岁以上人口比例由5.6%增加到7.5%。如果按目前调查两周患病率推算，由于人口数量变化，患病人次数增加4.2亿；65岁及以上老年人口两周患病率为33.8%，是65岁以下年龄组的3倍，并呈持续增加趋势。本次调查发现，疾病患病率随城市化、收入和教育水平有明显增加趋势，城市明显高于农村、富裕农村明显高于贫困地区，城市高收入人群的两周患病率高出低收入人群15.7%。国内外研究表明，社会经济发展、人口教育水平提高，人们的自我健康意识不断提高，对健康产品与卫生服务的需要不断增加。根据有关部门预测，2015年我国人口将达到14.1亿，65岁以上老年人口达到1.33亿，城镇人口比例达到40%以上。即使不考虑社会经济条件、年龄性别患病率的变化，届时我国患病人次数将突破55亿。”

《2003年第三次国家卫生服务调查分析报告中文摘要》提出，从20世纪90年代初开始，医疗费用的快速增长逐渐成为百姓最关注的问题之一，而且与此相关的社会问题不断涌现。从卫生部的这次调查结果可以发现，除去通货膨胀的因素，居民花费在医疗上的费用的增长速度，已经超过了国内生产总值的增长速度和收入增长水平，在家庭消费中位列第三（仅仅落后于食品支出和教育支出）。以1999年至2003年这5年为例，农村和城市居民的人均年收入增长率分别是2.5%和8.9%，与医疗费用的增长率相比分别落后9.3%和4.6%。2003年，城市居民次均就诊费用为219元，次均住院费用为7606元，分别比1998年增加了85%和88%，农村居民次均就诊费用为91元，次均住院费用为2649元，分别增加了103%和73%。城乡居民平均一次住院费用相当于一个居民一年的总收入。调查结果也显示，由于“看病贵”的问题，许多居民放弃了治疗，因而引发了严重的社会问题，造成了许多社会隐患。《2003年第三次国家卫生服务调查分析报告中文摘要》指出，如果对医疗费用的快速增长不加以抑制而任其发展的话，就会抑制居民合理的健康需求。

《2013年第五次国家卫生服务调查分析报告》指出，医疗卫生费用控制面临挑战。调查显示，由于经济社会的发展、人口老龄化程度的加重、疾病模式的转变、医疗新技术的广泛应用、患者对高级别医疗机构需求的增加，促使了住院费用的增长。与此同时，随着基本医疗卫生制度的逐步建立，居民对医疗服务利用水平不断提高，2013年我国城乡居民医疗卫生服务利用达到历史最高水平。虽然人口数量增加及老龄化、疾病谱改变、医疗技术进步与广泛应用、经济社会发展和居民健康意识的提高等客观上促使了医药费用合理的自然增长，但是仍有部分医疗卫生费用的增长可通过改善相关政策得到一定控制。因此，在逐步提高保障水平的同时，应及时出台配套政策，建立有序的就医模式，引导居民合理利用医疗卫生服务，减少不必要的医疗卫生支出，促使费用增长速度放缓，提高资源的使用效益。

李秀娟（2002）认为我国医疗保险费用增长是因为以下几个方面的原因：人类寿命延长，老年化趋势加快，疾病谱的改变，卫生服务技术复杂性增加、新药新材料的不断使用等。

吴传俭等（2005）从收入水平、医疗服务范围可及性、医疗相关社会关系与经费资助情况四个方面，将卫生资源利用人群分成优势群体、弱势群体和处于其间状态的中间群体三种，针对这三种人群对卫生资源的利用情况，探讨了卫生资源未能得到合理利用的人群原因，得出优势群体是导致卫生资源未能合理利用的主要原因的结论。

戴伟辉等（2005）以我国社会医疗保险患者中336万余次实际就诊记录的大样本数据资料为基础，通过显著性因子检验，建立了以工资收入、相对医疗费用指数、职工类别和性别为参数的多元回归对数线性模型，并运用此模型对社会医疗保险基金的运行分型分析。

林枫（2007）认为，有医疗保险和没有医疗保险的人相比，医疗费用会高出许多，原因在于在有医疗保险的情况下，患者有动力使用更多的医疗资源，花费更多的医疗费用。这种动力的源泉就在于第三方支付制度。在医疗保险第三方支付制度存在的情况下，患者只需要支付较少的费用，就能享受更多的医疗服务。随着人们对于健康重视程度的提高以及保险覆盖面的增大，必须对医疗费用进行相应的控制，否则会对医疗保险基金产生支付压力，进而影响医疗保险的基本社会功能。

李长平等（2011）提出，医疗保险费用的增长除了受疾病模式、经济发展等客观需要等合理因素影响外，其他不合理支出是造成费用增长的另一重要原因，并对我国医疗保险医疗费用快速增长的现象从“三方四体”方面进行了深入的原因分析。其中三方是指医疗服务的供方、需方及保险方，四体是指政府、医院、患者、保险机构。他们认为，供方引起费用增长的原因包括：医院生存与发展的压力、不合理处方以及用药方面的问题、住院和诊疗检查以及收费方面的问题；保方引起费用增长的原因包括：我国个人账户管理混乱、起付线、封顶线设计不合理、医疗保险管理机构监督不力；需方引起费用增长的原因包括：就医行为缺乏约束、自付比例设计不科学、医患串通合谋产生的费用增高。

马蔚姝（2011）按照系统抽样的方法从2008年天津市医疗保险结算中心医保数据库中提取10%参保人员医疗费用及医疗保险报销的相关信息，数据导入SPSS17.0中，应用AMOS17.0构建路径模型，并验证各因素之间的因果关系及关系大小，结果住院天数、个人负担比例、医院类别、病种、药品费用、其他临床特征、患者社会经济特征均会对医疗保险费用产生影响。结论显示，医疗保险费用的控制是一个系统工程，需要政府、医疗保险机构、医疗机构、医药生产和流通企业等协同努力，采取综合性措施。

王萍等（2012）选取1990—2009年的辽宁省城镇居民年度时间序列数据，以Eviews6.0为操作平台，对供给诱导需求和医药价格因素与医疗支出的相关性进行Granger因果关系检验和协整检验，探究各变量间的长期与短期关系和引起医疗保险费用增长的深层次原因，即各影响因素背后的体制性缺陷。结论认为，医疗保险机构作为医疗费用的买单者，在费用控制方面有着不可推卸的责任，建议建立买单者直接监督医疗服务和参与药品采购两大机制，使医疗保险机构在约束医疗支出方面的重要作用得以发挥。

刘石柱等（2012）将这个问题的研究分为14个量化内容，分别是医院级别、治疗结果、人员类别、人员性别、人员年龄、单位性质、缴费基数、药品费用、检查费用、治疗费用、床位费用、可报费用、疾病病种、亿元保险支付费用，采用等距离随机抽样的方法于镇江市医疗保险信息中心收集2010年参保职工3000例出院病人信息，运用有序多分类Logistic回归模型进行分析。结果显示，影响医疗保险费用支出的首要因素是医疗保险可报费用，第二位因素是药品费用，接下来是年龄结构等因素。

陈岩等（2013）以海南省人民医院2010年、2011年的住院医保病人的数据为样本，分析结果显示2011年比2010年的医疗保险总费用、住院费用、人均住院费用上涨将近30%。作者认为，医疗保险费用的增长主要包括以下几个方面的原因：

（1）人们的观念和医疗资源在地域上的不合理分配。一般来说，人们都认为大型综合性的医院水平要远远高于基层的医院、高收费的医疗服务效果高于低收费的医疗服务效果、高价药好于低价药、大城市医院好于小城市医院，这种心理因素导致了医疗费用的增长。

（2）医疗服务供方也就是医生（医院）的诱导需求，例如诊疗过程中出现的过度检查、过度用药等现象。

（3）人口老龄化的趋势。

（4）医疗技术的进步。

（5）物价的上涨以及通货膨胀的因素。

（6）监督、制度建设滞后，不能进行有效地管理。

二、对道德风险的研究

从20世纪90年代以来，随着我国医疗保险的发展和医疗体制改革的逐步深入，医疗保险中的道德风险问题逐步凸显，国内学者对这个问题的研究也随之展开。

李珍（1998）从医疗服务供方的角度提出了道德风险产生的原因。他在参与“中国医改面临的挑战”的讨论时提出，医疗服务市场供求的特殊性是产生道德风险的主要原因。作者对医疗服务市场的特殊性进行了总结，具体包括以下几方面：首先，需求刚性，健康对任何人来说，都是一种必需品。其次，与大多数商品市场不同，医疗服务市场并不是需求决定供给，而是供给决定需求。医疗服务市场最明显的特点就是信息不对称，医患双方都有各自的信息优势，如医生具有的专业知识、经验，医院所具有的专业的设备等，患者同样具有信息优势，如对于自身情况的感觉，但是相对来说，医生在信息方面处于更为优势的地位，可以根据自己的信息优势决定患者的医疗服务的种类和数量。所以，由于患者需求的特征以及医疗服务市场的特点，很自然地会形成道德风险发生的环境，主要表现为滥用服务和药品，也就是诱导需求导致过度医疗。

卢昌崇（1998）从医疗服务需方的角度提出了道德风险产生的原因，他提出，自我约束和制度约束的缺失是导致医疗保险中的道德风险的主要因素。

李珍（1998）提出，医疗保险费用面临的道德风险方面，主要来自医疗服务的供方。作者通过对道德风险的几种情况进行分析（医疗服务供方的道德风险，医疗服务需方的道德风险，医疗服务供方、需方合谋的道德风险），得出医疗保险中的道德方主要来自医疗服务的供方，也就是医生（医院）。即使是在医生与患者合谋的情况下，道德风险的发生程度也是由医疗服务的供方，也就是医院提供的。所以，如果要对医疗保险费用的不合理上升进行控制，就要对医疗服务供方的行为进行控制。另一方面，相对于患者来说，供方的数量和人员构成相对稳定，控制的成本相对来说较低，所以控制医疗服务供方是合理的。

郑功成（1998）认为，由于医疗服务市场的特殊性，一般的商品市场理论是不能照搬来分析它的。医疗服务市场的供求关系的特点以及需求刚性，决定了市场经济中的价值规律和供求规律在对医疗服务市场进行解释时的局限性。与李珍一样，郑功成也提出医疗保险费用面临的道德风险方面，主要来自医疗服务的供方，所以在控制方面，应当从利益分配以及计划调控方面着手。

胡苏云（2000）认为医疗保险中的道德风险分为事前道德风险和事后道德风险，并提出，事后道德风险是医疗保险道德风险中主要问题，有以下两个原因：

（1）社会医疗保险本身的性质决定了事前道德风险不会广泛发生，因为社会医疗保险是国家通过立法形式强制实施，由雇主和个人按一定比例缴纳保险费，建立社会医疗保险基金，支付雇员医疗费用的一种医疗保险制度，这种强制性、广泛性决定了事前道德风险不会广泛发生；

（2）参保人在健康出现问题以后，通过医疗服务产生医疗费用，进而参与对社会医疗保险基金的消费，也就是消费行为事后才能广泛发生。作者分析，医疗保险事后道德风险会在两个方面影响医疗保险：医疗保险价格上涨和医疗服务需求减少。

赵小苏等（2001）对城镇职工基本医疗保险进行分析，认为城镇职工基本医疗保险中道德风险的主要原因是制度不完善、保障水平过高、保障面狭窄、医保资金易于流失等。针对以上产生道德风险的原因，作者提出建立补充医疗保险体系，对城镇职工基本医疗保险进行补充，具体有以下特点：保障水平低、与城镇职工基本医疗保险相比更广的覆盖面等。另外，作者还从制度的方面提出了抑制道德风险的政策建议，如建立有效的医疗费用分担机制、完善基金的征收管理制度等。

卢洪友（2011）基于“中国健康与营养调查”中微观个体数据建立了一个测度医疗服务市场上信息不对称的模型，结果显示由于信息不对称的存在，掌握信息优势的医生对最终医疗费用的形成起到重要的作用，医患之间的信息不对称使得实际最终医疗费用高于真实医疗费用23.56%。他通过计算1989—2006年间的信息不对称程度得出结论：医疗服务体制改革的实施一直未能改变信息不对称造成最终实际医疗费用扭曲的局面。

郑秉文（2002）以不完全信息的视角对医疗保险市场进行分析，提出医疗保险市场道德风险产生的原因是信息不对称。作者认为，由于社会医疗保险所具有的国家强制性、广泛性的特点，逆向选择的问题会在很大程度上得到抑制。但是第三方支付的存在使得道德风险问题难以得到有效解决。

赵曼（2002）通过对医疗保险中的个体主体进行分析，认为医疗保险道德风险的控制主要应从医疗服务的供方入手，提出了控制医疗保险道德风险的方法：①声誉机制以及声誉评价体系，使医疗服务供方重视声誉这种无形资产，并使这种无形资产成为社会评价的标准，进而约束医疗服务供方的道德风险行为。②改革医生的绩效机制。医生是医疗服务最直接的提供者，拥有最终的决策权，所以建立合理的医生绩效机制，如赋予医生剩余索取权，通过激励约束道德风险。

王塑峰（2007）提出，医疗保险不合理的偿付体制导致了医生不合理的绩效机制，形成了医疗服务供方的诱导需求，而诱导需求的存在则是医疗费用（医疗保险费用）快速增长的核心原因。所以，如果要对快速增长的医疗费用进行控制，就必须抑制医疗服务供方的诱导需求，也就是要对不合理的医疗保险偿付体制进行改革，抑制道德风险。

陈翔、王小丽（2010）以第4次国家卫生服务调查结果及相关数据为依据指出，由于医疗服务市场天然存在的信息不对称等原因，为医疗服务供方的诱导需求提供了存在条件，结合第三方支付制度，造成了医疗费用不合理上升、社会医疗保险基金风险加剧等问题。针对以上情况，作者提出了防范医疗保险市场道德风险的政策建议：①运用合理的成本分担机制；②推行合理的医疗保险基金支付方式；③加强监管。

郭有德（2011）认为，医疗保险中的道德风险主要有两种表现形式：①由于参保人有了医疗保险以后，第三方支付制度使医疗费用不是全部由参保人自己支付，这样参保人就没有动力去参与锻炼、养成健康的生活习惯，从而发病概率提高。作者认为这是事前道德风险，这种风险会使疾病发生的概率扭曲。②在疾病发生以后，人们都认为大城市医院好于小城市医院、大型综合性的医院水平要远远高于基层的医院，高收费的医疗服务效果高于低收费的医疗服务效果，高价药好于低价药，这种心理因素导致了医疗保险费用的增长；另外，由于医生的绩效机制，使得医生有诱导需求的动机。

秦雪征、洪波（2012）对基本医疗保险制度的激励与监督机制进行分析，认为为了防范广泛存在的道德风险，政府的不恰当措施却导致我国在医疗保险体制上出现了诸如门诊负担沉重、报销水平偏低、医疗成本控制过严和医疗保险基金挪用等严重问题，并提出政府应在放宽对参保人和医疗机构限制的基础上，通过构建合理的激励与监督机制来健全基本医疗保险体系。

黄枫、甘犁（2012）利用“中国健康与营养调查”提供的15年来的微观信息，对1998年开始推行的城镇医疗保险进行分析，发现传统医保制度存在严重的道德风险问题，改革后医疗保险实际门诊自付比例提高，在一定程度上控制了医疗服务需方的道德风险，抑制了不合理的医疗支出。从医疗资源配置的效率方面来看，医保改革强化了医疗消费自我责任，抑制了医疗资源浪费，挤出了不必要的过度需求。

孙翠勇（2013）以经济人假设为前提，认为在发生经济行为时，人们首先会考虑自身的利益，并且努力实现其最大化。在医疗保险的运行过程中，经济人在维护自身利益的同时，必然会产生道德风险，这种行为产生的外部效用是负值，即满足其自身的利益少于牺牲的社会成本。道德风险的成因主要有以下几个方面：信息不对称、疾病治疗效果的不确定和第三方支付制度。其中医疗市场中天然存在的信息不对称因素是道德风险产生的核心原因。

刘军强等（2015）提出，在医方垄断信息优势、患者因医保而对价格敏感度下降的情况下，医患之间的“共谋”使得医疗保险费用支出不合理增加。

彭晓博、秦雪征（2015）考察了新型农村合作医疗中的事前道德风险问题，结果表明，医疗保险导致被保险人降低其在出险前防范疾病风险的投入，提高了不健康行为出现的概率。

汪国华、张成杨（2015）提出，社会医疗保险制度下各主体的行为发生异化，彼此之间的契约关系面临危机，参保患者趋高就医，医疗机构诱导消费，医疗费用支付方式缺乏约束力，致使道德风险频发。

谢明明、王美娇、熊先军（2016）的研究否认医疗服务中事前道德风险的存在，并提出在医疗支出占家庭收入的比例低于40%时，事后道德风险显著促进医疗保险费用的支出，高于40%时没有道德风险问题。

袁艳霞（2016）的实证结果证明，医患双方在医疗保险第三方偿付模式下，都有过度医疗机会主义行为。

三、对支付方式的研究

胡爱平（2001）认为，医疗保险费用的收入方面是相对固定而且稳定的，但是支出则是不固定的，且是不断增长的。这是由于科技的进步、疾病的不断变化、人们收入的提高、对健康的重视提高等因素影响。所以作者提出，使医疗服务的供方与医疗保险费用的支付方一体化，并在这种保险体制下选择多种支付方式，是有效的。

孟庆跃（2002）通过实证研究，对以往关于医疗保险费用支付方式的研究进行了评价，提出在医疗保险存在的条件下，完美的支付方式是不可能存在的，要根据现实的环境和要解决的问题来选择合理的支付方式。

郑大喜（2005）对多种医疗保险费用支付方式进行分析比较，提出了以总额预付制为基础，寻求预付制与后付制有机结合、选择相应的费用支付方式、加快病种付费制度建设、建立卫生服务信息发布制度等政策建议。

汪江（2007）对按病种付费制度进行了分析，发现了按病种付费制度存在的众多问题。作者认为，按病种付费制度存在以下问题：基础工作投入大、实际操作难度高；受技术条件限制，病种分类不够细化，缺乏一定的科学性；有较强的刚性，医生在费用不超过给付标准的前提下，可以使用价格较高的药品，造成浪费；医院会采取诊断升级、降低服务质量等措施减少费用支出；服务提供者可以通过多次住院、出院，使同一病案获得多次补偿。

《2008年第四次国家卫生服务调查分析报告》提出："诱导需求或过度服务具有个人与院方双重利益的内在驱动，而目前按服务项目收费的制度是其可实现的条件。利益驱动是市场经济发展的内在动力，难以改变，在市场环境下只有改变市场规则才能让医疗卫生服务市场向健康的方向发展。国内外已经有了这方面的尝试和经验，目前，国际上通用的医疗费用支付方式主要有四种：第一种是预算制方式；第二种是按服务项目支付的方式；第三种是按平均费用标准付费的方式；第四种是按病种支付和按人头支付以及其他一些特殊的支付体系。除了按服务项目支付的方式外，其他支付方式均有对医疗服务的不合理费用进行控制的作用，但其在操作中的难易程度不同，我们应在总结现有经验的基础上，改变以按项目付费占主导的情况，建立以降低医疗费用、保证医疗质量、提高医院管理水平为目标，把费用、质量、管理三者结合在一起的科学的支付制度。”

刘石柱等（2010）分析了镇江市医疗体制改革以来在医疗保险支付方式上的调整及其原因，比较了不同时期支付方式带来的费用控制、参保人群健康状况及就医情况的变化情况。作者通过分析得出，在不同的医疗保险费用支付方式下，医疗保险制度在费用控制效果、参保人群的健康状况改善以及参保人群医疗需求的满足程度等方面呈现出不同的效果。

李晓辉（2011）分析了我国社会医疗保险费用的两种支付方式：后付制与预付制对医生医疗行为的影响和医疗费用使用效率。作者认为后付制与预付制这两种医疗保险费用支付方式各有优劣：预付制的优势在于这是一种非常有效的医疗保险费用控制的方式，能够对医疗保险中的道德风险产生有效抑制，但是这同样造成了它的劣势，由于对费用的控制，不能够很好地实现医疗保险的社会功能；而后付制则恰恰相反，能够很好地实现医疗保险的社会功能，但是不足之处在于不能有效地控制医疗费用的不合理上升，使医疗服务的供方有动力为了自己的利益为患者提供过多的医疗服务，造成资源的浪费。所以作者提出应该建立一种兼有这两种支付方式优势的支付方式——混合的医疗保险费用支付方式，既能够有效地控制医疗保险费用的不合理上升，又能最大程度发挥医疗保险的社会功能。

孟庆跃（2012）提出，支付方式在激励机制中很重要，但激励机制不仅仅是支付方式，也不仅仅是经济激励。支付方式只是中间的一个工具，通过支付方式的各种设计改善体系绩效，根本目标是为了改善患者的健康状况，减轻经济负担，并使社会对医疗服务的提供者满意。支付方式的核心因素主要是通过支付看由谁来承担经济风险、对医疗服务供方设有什么样的激励机制。作者认为，我国是否具备大范围推广支付方式改革的制度环境、筹资环境、监管环境及信息条件，还值得探讨。

汪丹梅等（2013）通过对中美医疗保险支付方式的比较分析，提出在医疗保障体系和相关医疗责任制度不断完善的基础上，我国医疗保险支付方式的改革应当遵循后付制向预付制、单一支付向混合支付的协调转变。

四、对费用控制的研究

李珍（1998）提出，医疗保险面临的道德风险，主要来自医疗服务的供方。作者通过对道德风险的几种情况进行分析（医疗服务供方的道德风险，医疗服务需方的道德风险，医疗服务供方、需方合谋的道德风险），得出医疗保险中的道德风险主要来自医疗服务的供方，也就是医生（医院）的结论。作者认为，即使是在医生与患者合谋的情况下，道德风险的发生程度也是由医疗服务的供方，也就是医院提供的。所以，如果要对医疗保险费用的不合理上升进行有效控制，就要对医疗服务供方的行为进行控制。另一方面，相对于患者来说，供方的数量和人员构成相对稳定，控制的成本相对来说较低，所以控制医疗服务供方是合理的、可行的。

郑功成（1998）认为，在费用控制方面，应当从利益分配以及计划调控方面着手。要实现基本医疗保障和医疗保险水平适度的目标，还需要有如下政策配合：一是加快医改步伐，杜绝医疗过程中的浪费；二是尽快覆盖全体城镇劳动者，使疾病风险在更大的群体范围内得以分散；三是确立补充医疗保障制度和发展商业性医疗保险，使职工家属等能够从另外的渠道得到医疗保障。

张建祥（2001）通过对医疗保险费用的上升机制的研究提出，控制医疗保险费用的增长，需要建立四个制约机制：对医保定点医疗机构的制约机制、对参保对象的制约机制、对参保单位的制约机制，以及对医疗保险机构的内部制约机制。

陈永升（2002）的研究是从医疗服务的供方出发的。在作者看来，在有医疗保险存在的条件下，由于医疗服务市场所具有的信息不对称的特点，出于自身利益最大化的目的，医疗服务的供方有了进行道德风险行为的激励，具体来说就是利用自己所具有的信息优势，向医疗服务需方提供过度的医疗服务，即诱导需求行为，造成医疗费用的不合理上升，进而造成了社会医疗保险费用的浪费。通过对原因和现象的分析，作者提出了如下医疗保险费用控制的政策建议：①探索医疗服务与医疗保险一体化；②改变医疗保险费用的支付方式；③变革医疗服务供方的激励机制。

郭永松等（2004）则从医疗服务需方的角度进行研究，提出对医疗服务的需求水平（即对于医疗费用的花费）有较大影响的是医疗费用的分担比例。

文章认为，起付线就是一种医疗费用分担比例的影响因素，但是这种影响因素影响力的大小取决于起付线的高低。如果起付线过低，则会刺激参保人去利用更多的、不必要的医疗服务，造成资源的浪费；如果起付线过高，则会使医疗保险的保障作用大打折扣。因此设计合理的起付线，使医疗保险既可以对道德风险进行抑制，又能合理、适度地发挥医疗保险的社会功能，是一项重要的、有意义的工作。

张忠平等（2007）对 5 所上海市三级甲等医院 400 名医生和患者进行问卷调查，同时收集上海市仁济医院医疗保险办公室2001—2006年的报表数据，对上海市医疗保险费用的控制政策的有效性进行分析。分析结果显示，医保总额控制为医患双方所接受，按病种收费是比较理想的方式，药品费用的控制是医患双方关注的焦点。由此得出结论，根据此次抽样调查结果显示，上海市部分三级甲等医院自实行医保费用总额控制以来，医疗保险费用得到了有效的控制，其关键在于对医疗实践中供方和需方不合理医疗消费行为进行了制约。

王晓屏等（2008）通过实证分析验证了医疗保险信用等级制度实施前后对医疗保险费用控制的影响，研究发现信用等级制度对信用等级高的医院费用控制有明显效果，信用等级越低，控制效果越不明显。

侯建林等（2010）通过对美国的医疗保险制度进行分析，提出长期以来，美国卫生费用总量与人均水平居世界首位并保持了较高的增长速度，对于该国政治、经济、社会与人民生活等产生了严重影响。美国卫生费用居高不下的主要原因包括对重点人群疾病的费用控制措施不力、卫生体制过于复杂导致管理成本过高、人力成本和服务价格过高等。在过去 40 多年里，虽然美国根据限制、整合和竞争等原则采取了诸多费用控制措施，但收效不大。作者借鉴美国的相关经验教训并结合我国实际情况，提出的建议包括：重视完善的卫生体制在费用控制中的重要作用；在医药卫生体制改革中不宜过分提倡市场化；政府在卫生费用控制中应发挥关键性作用并充分发挥医疗保险机构和医疗服务提供者的作用；在支付方式改革上应重视归纳总结与宏观管理，避免支付方式复杂化；对于医疗机构的横向合并应持审慎态度。

陶裕春等（2010）基于 1995—2008 年的相关数据，运用主成分综合模型和灰色关联分析对影响我国社会医疗保险费用增长的因素进行研究，结果显示，由主成分综合模型可知我国社会医疗保险费用支出逐年递增且增长幅度越来越大，由灰色关联分析可知医保支出的影响因素中政府预算卫生支出、参保人数、城镇居民可支配收入和医院床位数 4 个指标较其他指标与医保支出的关联性更强。

刘石柱等（2012）将医疗保险费用开支问题的研究分为 14 个量化内容，分别是医院级别、治疗结果、人员类别、人员性别、人员年龄、单位性质、缴费基数、药品费用、检查费用、治疗费用、床位费用、可报费用、疾病病种、亿元保险支付费用，采用等距离随机抽样的方法于镇江市医疗保险信息中心收集 2010 年参保职工 3000 例出院病人信息，运用有序多分类 Logistic 回归模型进行分析。结果显示，在影响医疗保险费用的众多因素中，排在首位的因素是医疗保险可报费用，第二位因素是药品费用，接下来是年龄结构等因素。由此提出，完善医疗保险费用支付制度、实现激励和制约双重效应；重点控制药品费用；引导参保人合理就医等控制措施。

第三节　小结

国外对医疗保险费用增长的原因与控制的研究始于 20 世纪 60 年代，而我国对此的研究从 20 世纪 90 年代开始。与国外相比，国内的研究起步较晚，但国内外对该领域的研究都存在很多类似的地方：在医疗保险费用增长的原因方面，国内外学者普遍认为经济的增长、人口的增加、老龄化程度的加深、医疗技术的革新、道德风险的存在等是造成医疗保险费用增长的主要原因；在医疗保险中的道德风险方面，国内外学者认为医疗服务市场的特殊性与信息不对称是造成医患双方道德风险的主要原因；在费用控制方面，国内外学者从供方、需方等方面提出了相应的控制措施，如改变支付方式，设置共保率等。然而国内外学者在费用控制方面也存在着一些不同，如国外学者就支付方式的创新进行了许多研究，并在一定范围内进行了实施，而我国国情与西方发达国家不同，经济实力也不同，因此支付方式的革新需要依国情而定，不能盲目照搬国外经验，因此国内学者对于费用控制措施方面的分析与国外相比带有鲜明的中国特色。

第三章　我国社会医疗保障的历程回顾、现状分析及问题提出

第一节　中国医疗保障的发展历程

随着我国经济的发展和医药卫生体制改革的不断深入，我国的医疗保障事业迅速发展，取得了前所未有的成绩："三纵三横"的医疗保障体系框架已经基本形成，截至2016年底，参加城镇职工基本医疗保险人数为2.95亿人，城镇居民基本医疗保险人数4.53亿人，① 新型农村合作医疗人数2.75亿人。②

通过对我国医疗保障制度的发展历程的梳理，本书认为，我国医疗保障制度的发展总体上可以划分为三个阶段：

（1）建立阶段，这一阶段从新中国成立至十一届三中全会召开之前；

（2）探索发展阶段，这一阶段从十一届三中全会召开至新医改实施之前；

（3）改革新阶段，这一阶段从新医改实施以后至今。

一、中国医疗保障制度的建立

我国的医疗保障制度建设始于20世纪50年代初。首先是借鉴苏联模式，在城镇相继建立企业职工劳保医疗制度和机关事业单位公费医疗制度。随着公有制经济体制的全面发展，两种医疗保障制度逐步实现了对城镇几乎所有劳动者的覆盖。在农村，20世纪60年代中期以后，依托集体经济的合作医疗也逐步发展和普及起来。至20世纪70年代末，全国90%以上的农村居民参与了这项制度。

除上述三项医疗保障制度外，医疗卫生服务体系本身也具有一定保障功能。政府财政、企业和集体经济组织对各种类型医疗卫生服务机构以不同方式进行投入、支持，有关医疗卫生服务实施低于成本的收费，不同程度地分担了公众的看病就医负担。

中国医疗保障制度的建立，对分担公众看病就医负担、保障人民群众健康

---

① 数据来源于中华人民共和国国家统计局（http：//data.stats.gov.cn/easyquery.htm?cn=C01&zb=A0S0Z&sj=2016）.

② 中华人民共和国国家卫生和计划生育委员会.2017中国卫生和计划生育统计年鉴［M］.北京：中国协和医科大学出版社，2017：333.

权益、促进国民健康水平提高发挥了非常重要的作用，有关基本经验也得到国际社会的高度赞誉。但受当时经济发展水平低、城乡二元经济体系分割等诸多问题的影响，当时的医疗保障制度也存在总体水平不高、群体间差距大等问题。

这期间存在的主要问题有以下方面：第一，职工发生的医疗费用完全由政府和单位买单，即“第三方”支付，医院又实行按医疗服务项目收费，没有制约；第二，缺少合理的筹资机制和稳定的经费来源；第三，不同群体的医疗保障差别很大，社会公平性出现问题；第四，资金运行实行现收现付制，没有积累可用，医疗费用的“代际转移”矛盾突出；第五，医疗保障资金使用效率极低，浪费和使用过度等问题同时存在。

二、中国医保制度改革的探索

改革开放后，我国进入新的历史发展时期，经济体制改革全面推进。经济体制变革促进了国民经济的迅速增长，但依托传统经济体制的医疗保障制度却受到很大冲击。

这期间凸显出来的问题有以下几个方面：随着农村联产承包责任制的实施，依托农村集体经济的合作医疗迅速萎缩，到20世纪80年代中期，全国只有不足10%的农村保留这项制度；城市经济体制改革要求企业自负盈亏，打破了计划经济体制下企业和政府财政间的利益统筹关系，依托企业的劳保医疗也逐步陷入困境；财政体制从“统收统支”逐步改为“分级所有、分灶吃饭”后，不少地方的公费医疗制度也不堪重负。与此同时，受多方面因素的影响，政府对医疗卫生服务系统的投入水平逐年下降，并要求有关机构学习企业改革经验，加强经济核算，服务系统所具有的保障功能逐步弱化。还有一点需要特别注意的是，改革开放后，非公有制经济迅速成长，而相对应的医疗保障却基本上是空白，这类组织及从业人员的医疗保障也逐步成为重大的现实问题。

改革开放以来，特别是十四届三中全会以来，党中央、国务院陆续做出了一系列重大决策，积极推进基本医疗保险制度改革：1994年在江苏镇江、江西九江开展职工医疗保险改革试点，1998年底开始在全国推行城镇职工基本医疗保险制度改革，实现由公费劳保医疗的单位福利制度向社会保险制度的转轨；2003年，开展新型农村合作医疗制度试点，2008年在全国范围内推开；2003 年、2005 年分别建立农村和城市医疗救助制度，对低保等困难群众进行救助；2007 年，开展城镇居民基本医疗保险试点，把学生、儿童、老人等城镇非从业人员纳入保障范围，2009 年城镇居民医保制度在全国全面推开。

（一）城镇职工基本医疗保险

自 20 世纪 80 年代初，一些企业和地方就已经开始了自发的对传统职工医疗保障制度的改革探索，如医疗费用定额包干或仅对超支部分按一定比例报销，以及实行医疗费用支付与个人利益挂钩的办法等，这些改革实践的持续发展也为职工个人负担医疗费用奠定了一定的心理基础，呈现出一种由公费医疗制度向适度自费制度的过渡。

1984 年 4 月 28 日，卫生部和财政部联合发出《关于进一步加强公费医疗管理的通知》，提出要积极慎重地改革公费医疗制度，开始了政府对传统公费医疗制度改革探索的新阶段。

1988 年 3 月 25 日，经国务院批准，成立了由卫生部牵头，国家体改委、劳动部、卫生部、财政部、医药管理总局等八个部门参与的医疗制度改革方案研究并对医疗改革试点进行指导。同年 7 月，该小组推出《职工医疗保险制度设想（草案）》。1989 年，卫生部、财政部颁布了《关于公费医疗管理办法的通知》，在公费医疗开支范围内对具体的 13 种自费项目进行了说明。同年 3 月，国务院批转了《国家体改委 1989 年经济体制改革要点》，该《要点》指出，在丹东、四平、黄石、株洲进行医疗保险制度改革试点，同时在深圳、海南进行社会保障制度综合改革试点。

1994 年，国家体改委、财政部、劳动部、卫生部共同制定了《关于职工医疗制度改革的试点意见》，经国务院批准，在江苏省镇江市、江西省九江市进行了试点，即著名的“两江试点”。

在“两江试点”的基础上，1996 年 4 月，国务院办公厅转发了国家体改委、财政部、劳动部、卫生部四部委《关于职工医疗保障制度改革扩大试点的意见》，进行更大范围的试点。

根据统一部署，1997 年医疗保障试点工作在全国范围内选择了 58 个城市，至 8 月初，已有 30 多个城市启动医改扩大试点。截至 1998 年底，全国参加医疗保险社会统筹与个人账户相结合改革的职工达 401.70 万人，离退休人员 107.60 万人，该年的医疗保险基金收入达 19.50 亿元。到 1999 年被确定为试点地区的 58 个城市已全部开展了试点工作。

随着试点工作的不断深入和推进，城镇职工基本医疗保险制度的覆盖范围和保障对象从前期的企业（国有企业、集体企业、外商投资企业、私营企业等）、机关、事业单位、社会团体、民办非企业单位及其职工扩大覆盖至灵活就业人员、农民工及其他非公有制经济组织，基本覆盖了城镇全体从业人员。截至 2016 年底，参加城镇职工基本医疗保险人数 29531.5 万人。具体如表 3–1 和图 3–1 所示：

表 3–1　1995—2016 年城镇职工基本医疗保险年末参保人数

（单位：万人）

年份	1995 年	1996 年	1997 年	1998 年	1999 年	2000 年
人数	745.9	855.7	1762.0	1877.6	2065.3	3786.9
年份	2001 年	2002 年	2003 年	2004 年	2005 年	2006 年
人数	7285.9	9401.2	10901.7	12403.7	13782.9	15731.9
年份	2007 年	2008 年	2009 年	2010 年	2011 年	2012 年
人数	18020.3	19995.6	21937.2	23734.7	25227.1	26485.6
年份	2013 年	2014 年	2015 年	2016 年		
人数	27443.1	28296.0	28893.1	29531.5		

数据来源：中华人民共和国国家统计局（http：//data.stats.gov.cn/workspace/index?m=hgnd）。

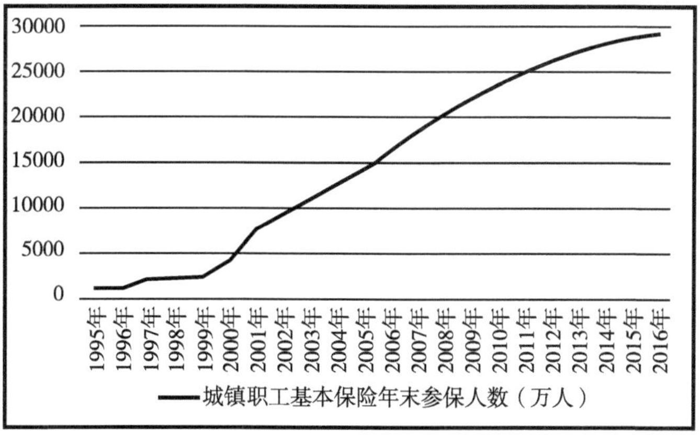

图 3–1　1995—2016 年城镇职工基本医疗保险年末参保人数

数据来源：中华人民共和国国家统计局（http：//data.stats.gov.cn/workspace/index?m=hgnd）。

城镇职工基本医疗保险费采用社会统筹与个人账户相结合的筹资途径，由用人单位和参保职工按照工资总额的一定比例共同缴纳，共同组成社会医疗统筹和个人账户两项基金。用人单位缴费率一般控制在职工工资总额的6%左右，职工缴费率一般为本人工资收入的2%，退休人员个人不缴纳医疗保险费。

城镇职工基本医疗保险对参保人员门诊医疗费用经济补偿采用“门诊包干”的办法，参保人员在门诊发生的医疗费用由医疗保险机构为参保人员建立的个人账户资金支付。

城镇职工基本医疗保险对参保人员住院医疗费用经济补偿采用“住院统筹”的办法，住院发生的医疗费用由统筹基金按比例支付。制定基本医疗用药目录、诊疗项目、服务设施标准及其收费标准，设立“起付线”“最高支付限额”“自付比例”等费用负担标准。

对于患有慢性肾炎、恶性肿瘤等特殊疾病的参保人员，在享受正常的医疗补助后，统筹基金每年还给予一些特殊政策补偿。对于一些不需要住院，但是需要长期用药的病人，如糖尿病、高血压病人，将这部分门诊慢性病人纳入统筹基金补偿范围。

（二）新型农村合作医疗

改革开放以后，随着家庭联产承包责任制的推行、农村集体经济组织力量弱化以及其他多种因素综合作用，合作医疗呈下滑趋势并逐渐解体，农村居民的医疗保障等问题开始受到关注。

2002年10月，中共中央和国务院发布《关于进一步加强农村卫生工作的决定》，准备在全国农村重新部署合作医疗制度。2003年1月，国务院办公厅发出《关于建立新型农村合作医疗制度意见的通知》，将建立“新型农村合作医疗”制度作为解决农民“看病贵、看病难”问题的重要措施，列入全面建设小康社会和建设社会主义新农村的重要内容之一。2003年3月，新修订的《农业法》明确规定：“国家鼓励、支持农民巩固和发展农村合作医疗和其他医疗保障形式，提高农民的健康水平。”同年起，卫生部、财政部、农业部开始安排一部分地区进行试点，探索建立“以大病统筹为主”的新型农民医疗互助供给制度。2004年6月，卫生部等11个部委发布《关于进一步做好新型农村合作医疗试点工作的指导意见》，提出进一步探索建立“以大额医疗费用统筹补助为主、兼顾小额费用补助”的保险模式，以推动合作医疗网络的扩大。2006年，中央“一号文件”要求各级政府增加投入，加强以乡镇卫生院为重点的农村医疗卫生设施建设，健全农村卫生服务和医疗救助体系，并在 2010 年建成基本覆盖农村居民的新合作医疗制度。

新农村合作医疗与过去的合作医疗相比，有显著不同：第一，新合作医疗的保险基金主要由政府投入，有的乡村集体经济组织也给予资助，此两项投入超过总金额的 3/4，农民个人缴纳部分不足 1/4，有别于过去合作医疗仅是农民自己出钱、互助共济的形式。第二，新合作医疗以“大病统筹”为主，重点是解决农民因患大病而出现的“因病致贫”“因病返贫”问题，不同于过去的合作医疗主要解决小伤小病的机制。同时，新合作医疗改变了过去资金使用上平均主义的报销办法，规定报销以大病统筹为主，把 70% 的资金用在大病、重病的报销上。第三，从统筹层次看，新合作医疗主要以县为统筹和管理单位，而过去的合作医疗大多以村为统筹和管理单位。第四，新合作医疗确立了报销的封顶线，不是过去的全部包干，以使更多的农民得到基金的支持。由于全国各地筹资水平不同，封顶线各有不同，目前最高封顶线为农民人均纯收入的 6 倍。第五，新合作医疗基金专户存储、专款专用，在管理上实行收支分离、管用分开、封闭运行，禁止任何单位和个人违法挪用，与过去管用一体的模式有很大的不同。第六，新农村合作医疗是在医疗服务市场化、商业化的背景下开展的，与过去合作医疗在医疗服务公益性背景下开展不同，面临更多、更新的挑战。

截至 2016 年底，全国共有 2851 个县级区划开展了新型农村合作医疗工作。具体如表 3–2 以及图 3–2、图 3–3 所示：

表 3–2　2004—2016 年我国新农合开展情况

年份	开展新农合县（市、区）（个）	参加新农合人数（亿人）	补偿受益人次（亿人次）
2004	333	0.80	0.76
2005	678	1.79	1.22
2006	1451	4.10	2.72
2007	2451	7.26	4.53
2008	2729	8.15	5.85
2009	2716	8.33	7.59
2010	2678	8.36	10.87
2011	2637	8.32	13.15
2012	2566	8.05	17.45
2013	2489	8.02	19.42
2014	2854	7.36	16.52
2015	2850	6.70	16.53

续表

年份	开展新农合县（市、区）（个）	参加新农合人数（亿人）	补偿受益人次（亿人次）
2016	2851	2.751[①]	6.572[②]

数据来源：中华人民共和国国家统计局（http：//data.stats.gov.cn/workspace/index?m=hgnd）。

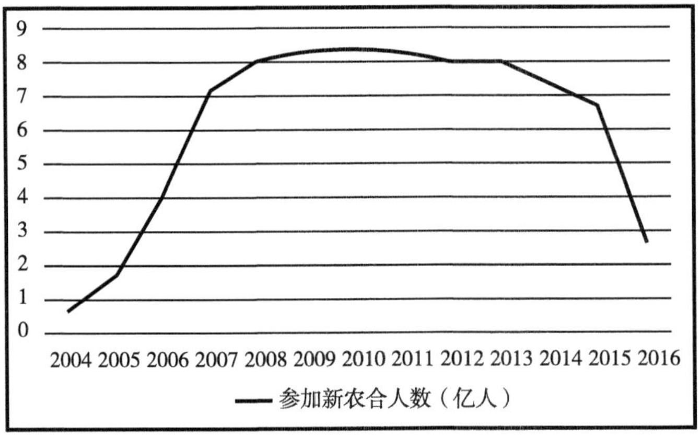

图 3-2　2004—2016 年参加新农合人数

数据来源：中华人民共和国国家统计局（http：//data.stats.gov.cn/workspace/index?m=hgnd）。

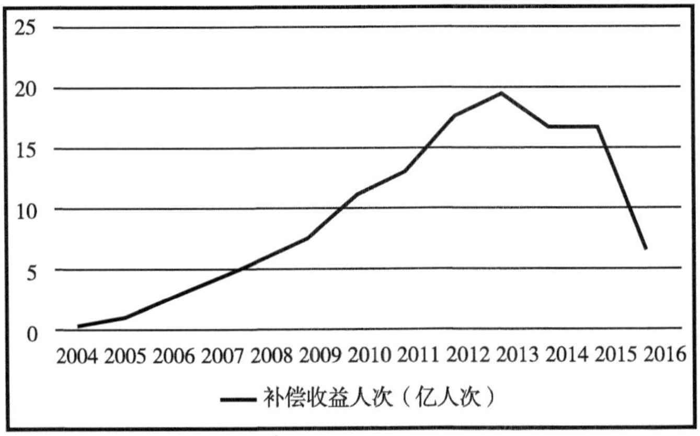

图 3-3　2004—2016 年新农合补偿受益人次

数据来源：中华人民共和国国家统计局（http：//data.stats.gov.cn/workspace/index?m=hgnd）。

① 2016 年新农合部分参保人数并入城镇居民医保，新农合参保人数统计口径有变。

② 同上。

（三）城镇居民基本医疗保险

城镇职工和农村人口建立相应的城镇职工基本医疗保险制度和新型农村合作医疗制度后，仍有广大城镇居民如老人、在校学生、儿童等群体还没有统一的制度安排。2007 年 7 月全国城镇居民基本医疗保险试点工作会议在北京召开，国务院总理温家宝在座谈会上指出，建立城镇居民基本医疗保险制度，是中国在建立城镇职工基本医疗保险制度和新型农村合作医疗制度之后又一重大举措，主要解决城镇非从业人员、特别是中小学生、少年儿童、老年人、残疾人等群体看病就医问题。建立这项制度，是改善民生的重要任务，是医疗保障制度建设和完善社会保障体系的重要组成部分，是深化医药卫生体制改革和推进卫生事业发展的重要环节，也是落实科学发展观和构建社会主义和谐社会的要求。

2007 年国务院印发《国务院关于开展城镇居民基本医疗保险试点的指导意见》。该《意见》中要求，2007 年在有条件的省份选择 2~3 个城市启动试点，2008 年扩大试点，争取 2009 年试点城市达到 80% 以上，2010 年在全国全面推开，逐步覆盖全体城镇非从业居民。

城镇居民基本医疗保险的保障对象是城镇非从业居民，即包括城镇中不属于城镇职工基本医疗保险制度覆盖范围的年轻人（未满 18 周岁的居民以及 18 周岁以上的学生），征地后转为城镇居民的被征地农民等。2008 年底参保人数达到 1.12 亿人，截至 2016 年底就已经达到 4.49 亿人，如表 3–3、图 3–4 所示：

表 3–3　2007—2016 年城镇居民基本医保参保人数（单位：万人）

年份	2007	2008	2009	2010	2011
城镇居民基本医保参保人数	–	–	18209.6	–	22116.1
年份	2012	2013	2014	2015	2016
城镇居民基本医保参保人数	27155.7	29629.4	31450.9	37688.5	44860.0

数据来源：中华人民共和国国家统计局（http：//data.stats.gov.cn/workspace/index?m=hgnd）。

城镇居民基本医疗保险以家庭缴费为主，政府给予适当补助。城镇居民医保缴费标准总体上低于职工基本医疗保险。参保居民按照规定缴纳基本医疗保险费，享受相应的基本医疗保险待遇。国家对个人缴费和单位补助资金制定税收鼓励政策。对试点城市的参保居民，各级政府每年还给予适当的补助。

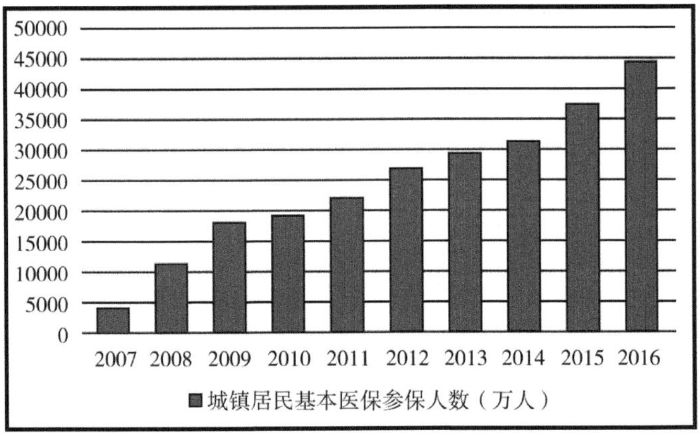

图 3-4　2007—2016 年我国城镇居民基本医保参保人数

数据来源：中华人民共和国国家统计局（http：//data.stats.gov.cn/workspace/index?m=hgnd）。

城镇居民基本医疗保险设定基金的起付标准和最高支付限额，基金起付标准以上、最高支付限额以下的医疗费用，由居民医保基金和城镇居民按照一定比例分担。参照城镇职工基本医疗保险，居民医保基金对慢性病人也有一定的补偿，但是病种相对较少，标准相对较低。居民医保一般支付比例为 50%，但是各地区支付标准不统一，一般来说，经济越发达的地区，支付比例越高。

综合城镇职工基本医疗保险和城镇居民基本医疗保险，情况如表 3-4 所示：

表 3-4　2003—2016 年我国城镇医疗保险参保人数统计

（单位：万人）

年份	参保人数				
	合计	城镇居民基本医保	城镇职工基本医保		
				在岗职工	退休人员
2003	—	—	10901.7	7974.9	2926.8
2004	—	—	12403.7	9044.4	3359.2
2005	—	—	13782.9	10021.7	3761.2
2006	—	—	15731.9	11580.3	4151.6
2007	—	—	18020.3	13420.0	4600.0
2008	—	—	19995.6	14987.7	5007.9
2009	40147.0	18209.6	21937.4	16410.5	5526.9

续表

年份	参保人数				
	合计	城镇居民基本医保	城镇职工基本医保		
				在岗职工	退休人员
2010	—	—	23734.7	17791.2	5943.5
2011	47343.2	22116.1	25227.1	18948.5	6278.6
2012	53641.2	27155.7	26485.6	19861.3	6624.2
2013	57072.6	29629.4	27443.1	20501.3	6941.8
2014	59746.9	31450.9	28296.0	21041.3	7254.8
2015	66581.6	37688.5	28893.1	21362.0	7531.2
2016	74391.6	44860.0	29531.5	21720.0	7811.6

数据来源：中华人民共和国国家统计局（http：//data.stats.gov.cn/workspace/index?m=hgnd）。

（四）城乡救助制度

2002年中共中央、国务院制定并出台了《中共中央、国务院关于进一步加强农村卫生工作的决定》，首次提出了在中国农村建立医疗救助制度，并明确了对农村贫困家庭实行医疗救助、实施以大病补偿为主，以及对贫困家庭参加合作医疗给予资金补助的救助形式。为贯彻实施此文件，2003年11月，民政部、卫生部、财政部三部联合下发了《关于实施农村医疗救助的意见》，对农村医疗救助的目标和原则、医疗救助对象的选择、救助基金的筹集和管理、服务提供、纠正制度的管理、组织与实施等方面做出了进一步细化。

2005年国务院办公厅转发了民政部、卫生部、劳动和社会保障部、财政部《关于建立城市医疗救助制度试点工作意见》，提出用2年的时间在各省、自治区、直辖市的部分县（市、区）进行试点，再用2~3年时间在全国建立起管理制度化、操作规范化的城市医疗救助制度。之后，城市医疗救助试点陆续在全国展开。到2006年底，农村医疗救助制度在中国所有的涉农县（市、区）全面建立。

城乡医疗救助制度保障对象是因病致贫的低收入者和贫困者。包括城市居民最低生活保障对象中未参加城镇职工基本医疗保险的人员、已参加城镇职工基本医疗保险但个人医疗费用负担仍然较重的人员和其他有特殊困难的群众，还有农村五保户、贫困户家庭成员和地方政府规定的其他符合条件的农村贫困居民。

医疗救助资金原则上由中央财政和地方财政分担。通过财政预算拨款、专项彩票公益金、社会捐助等多渠道筹集资金建立专项医疗救助资金。地方财政救助资金列入同级财政预算，中央和省级财政对困难地区给予适当补助。

总之，在这一时期，各项医疗保险制度相应建立并且稳步发展，全国基本医疗保障覆盖人口迅速上升，商业医疗保险等也发挥了有效的补充作用。然而，在医疗卫生服务体系发展方面，这一时期受政府投入减少、鼓励学习企业改革经验等因素影响，进一步放权、强化经济激励成为医疗卫生服务机构改革的主要内容。有关措施大大调动了医疗服务机构及医务人员的积极性，但也使服务体系的保障功能进一步弱化，越来越多的机构片面追求经济利益。医疗费用过快增长、“看病难、看病贵”问题逐步突出。受医疗费用增长过快的影响，医疗保障制度的可持续发展也面临诸多困难。

三、新医改以来的医药卫生体制改革

2009 年 3 月，中共中央和国务院先后颁布《过于深化医药卫生体制改革的意见》和《医药卫生体制改革近期重点实施方案》。2010 年 2 月 23 日，卫生部、中央编办、国家发展改革委、财政部和人力资源社会保障部等五部门联合发布《关于公立医院改革试点的指导意见》。2012 年 3 月 14 日，国务院印发《“十二五”期间深化医药卫生体制改革规划暨实施方案》。

在这些重要的历史性文件中，进一步明确了人人享有基本医疗卫生服务的发展目标，充分强调公正公平，并对医疗保障制度建设发展提出了明确的思路，并提出了扩大基本医疗保障覆盖面、提高基本医疗保障水平、规范基本医疗保障基金管理、完善城乡救助制度、提高基本医疗保障服务水平的近期要求。

随着文件的下发和落实，除医疗保障制度建设外，医疗服务体系一度失去的保障功能也开始恢复。国家全面加强了公共卫生服务体系建设和对公共卫生的投入，相当一部分公共卫生项目基本做到免费向公众提供；全面启动了农村乡镇卫生院及城市社区卫生服务体系规范化建设，并开始对有关服务价格实施管理，通过政府投入分担有关费用成本。

几年来，医疗保障制度的迅速发展，在保护人民群众基本权益方面取得明显进展。城乡居民对医疗服务的利用率明显提高，因经济能力限制而得不到门诊、住院治疗的比例明显降低。

截至 2014 年底，全国共有 2854 个县级区划开展了新型农村合作医疗工作，参合人数 7.36 亿人，参合率 98.9%。2014 年，新农合人均筹资 410.89 元，当年基金支出 2890.40 亿元，筹资总额 3025.28 亿元，受益 16.52 亿人次。

截至 2016 年底，全国参加城镇基本医疗保险人数为 74391.6 万人。其中，参加城镇职工基本医疗保险人数 29531.5 万人；参加城镇居民基本医疗保险人数为 44860.0 万人。2016 年全国职工基本医疗保险基金收入 10273.70 亿元，医疗保险基金支出 8286.70 亿元，年末统筹基金累计结存 12971.70 亿元。全国城镇居民基本医疗保险基金收入 2810.50 亿元，基金支出 2480.40 亿元，年末基金累计结存 1992.60 亿元。

随着我国经济的发展和医疗保障制度的不断完善，医疗保险基金的收入和支出也呈现增长状态，表明我国医疗保障事业对居民的保障力度的增强和保障能力的完善。如表 3–5、图 3–5 所示：

表 3–5　1995—2016 年我国医疗保险基金收支情况

（单位：亿元）

年份	1995	1996	1997	1998	1999	2000
医疗保险基金收入	9.7	19.0	52.3	60.6	89.9	170.0
医疗保险基金支出	7.3	16.2	40.5	53.3	69.1	124.5
年份	2001	2002	2003	2004	2005	2006
医疗保险基金收入	383.6	607.8	890.0	1140.5	1405.3	1747.1
医疗保险基金支出	244.1	409.4	653.9	862.2	1078.7	1276.7
年份	2007	2008	2009	2010	2011	2012
医疗保险基金收入	2257.2	3040.4	3671.9	4308.9	5539.2	6938.7
医疗保险基金支出	1561.8	2083.6	2797.4	3538.1	4431.4	5543.6
年份	2013	2014	2015	2016		
医疗保险基金收入	8248.3	9687.2	11192.9	13084.3		
医疗保险基金支出	6801.0	8133.6	9312.1	10767.1		

数据来源：中华人民共和国国家统计局（http：//data.stats.gov.cn/workspace/index?m=hgnd）。

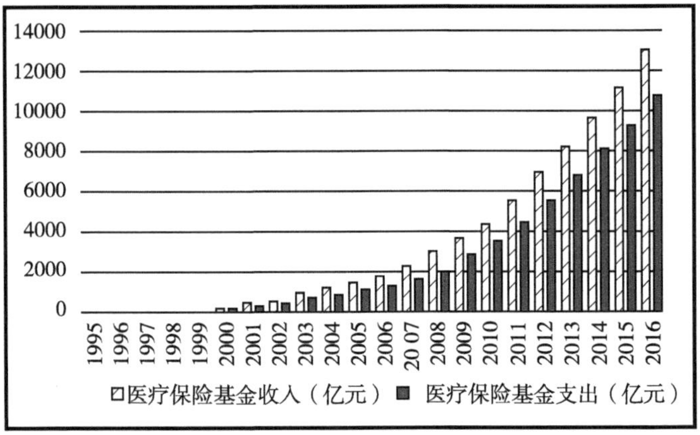

图 3-5　1995—2016 年我国医疗保险基金收支情况

数据来源：中华人民共和国国家统计局（http：//data.stats.gov.cn/workspace/index?m=hgnd）。

经过多年的改革和探索，中国特色的“三纵三横”的医疗保障体系框架已经基本形成。三纵，即城镇职工基本医疗保险、城镇居民基本医疗保险和新型农村合作医疗，分别覆盖城镇就业人员、城镇未就业居民和农村居民，是基本医疗保障体系的主体部分。“三横”即主体层、保底层和补充层。三项基本医疗保险制度构成了主体层；城乡医疗救助和社会慈善捐助等制度对困难群众参保和个人负担给予帮助，构成保底层；对于群众更高的、多样化的医疗需求，通过补充医疗保险和商业健康保险来满足。

第二节　中国社会医疗保险制度的现状与存在的问题

一、卫生费用的增长现状

当前，随着我国经济的发展和医药卫生体制改革的不断深入，我国的医疗保障事业迅速发展，取得了前所未有的成绩。但是在看到成绩的同时，也应该对存在的问题有清醒的认识。当前存在的突出问题有：医疗服务费用增长过快、医疗保障水平不高、医疗机构公益性弱化、疾病负担沉重、基本药物制度推进存在困难、公立医院改革问题等。但是在这些问题中，核心问题是费用增长过快问题，几乎所有医疗保障相关的问题会最终归结到费用过高以及增长过快的问题上来。

医疗费用的过快增长，已经成为我国医疗保障事业发展主要障碍之一。

2003 年卫生部发布的全国第三次卫生服务调查结果显示，“看病贵”已经成为百姓最关注的话题之一。医疗服务费用增长速度超过了人均收入的增长，医药卫生消费支出已经成为继食物支出、教育支出后的第三大消费支出。绝大多数应住院而未住院的原因就是经济负担过重。医疗费用过高已经成为制约居民利用门诊与住院卫生服务的主要原因。

2009 年卫生部发布的全国第四次卫生服务调查结果显示。两周新发病例未就诊比例为 38.2%，经过医生诊断需要住院的比例为 21%。其中，因为经济困难或认为就诊太贵而未就诊的占 14.9%，因为经济困难导致应该住院但是没有住院的占 70.3%。调查出院病人中 52.1% 的出院者是疾病痊愈经医生要求出院，7.2% 是病未痊愈医生要求出院，36.8% 的出院者是自己要求出院。自己要求出院的患者中，54.5% 是由于经济困难或花费太多（经济原因）。

2013 年国家卫计委第五次国家卫生服务调查结果显示，新发病例未就诊比例为 27.3%，其中因为经济困难或认为就诊太贵的病人占未就诊病人的 7.6%，经医生诊断需住院而未住院的比例为 17.1%，其中因为经济困难而未就诊的病人占所有被诊断需住院病人的 7.4%。虽然情况较以往有所好转，但人们依然面临“看病难、看病贵”的难题，而且“因病致贫”“因病返贫”的现象屡见不鲜。

1995—2016 年，根据国家统计局的统计数据，我国卫生总费用和人均卫生费用情况如下表 3-6 和图 3-6、图 3-7 所示：

表 3-6　1995-2016 年我国卫生总费用及人均卫生费用情况

年份	1995 年	1996 年	1997 年	1998 年	1999 年	2000 年
卫生总费用（亿元）	2155.13	2709.42	3196.71	3678.72	4047.50	4586.63
人均卫生费用（元）	177.93	221.38	258.58	294.86	321.78	361.88
年份	2001 年	2002 年	2003 年	2004 年	2005 年	2006 年
卫生总费用（亿元）	5025.93	5790.03	6584.10	7590.29	8659.91	9843.34
人均卫生费用（元）	393.80	450.75	509.50	583.92	662.30	748.84
年份	2007 年	2008 年	2009 年	2010 年	2011 年	2012 年
卫生总费用（亿元）	11573.97	14535.40	17541.92	19980.39	24345.91	28119.00
人均卫生费用（元）	875.96	1094.52	1314.26	1490.06	1806.95	2076.67
年份	2013 年	2014 年	2015 年	2016 年		
卫生总费用（亿元）	31668.95	35312.40	40974.64	46344.88		
人均卫生费用（元）	2327.37	2581.66	2980.80	3351.74		

数据来源：中华人民共和国国家统计局（http：//data.stats.gov.cn/workspace/index?m=hgnd）。

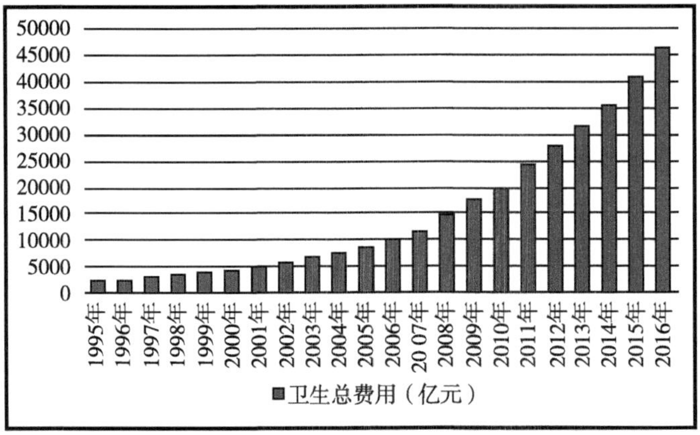

图 3-6　1995—2016 年我国卫生总费用情况

数据来源：中华人民共和国国家统计局（http：//data.stats.gov.cn/workspace/index?m=hgnd）。

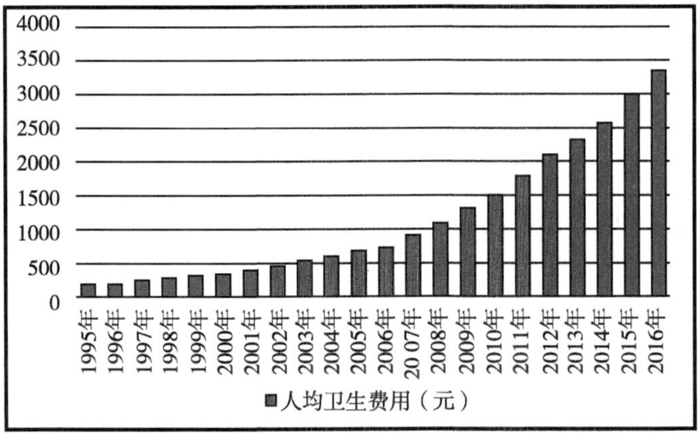

图 3-7　1995—2016 年我国人均卫生费用情况

数据来源：中华人民共和国国家统计局（http：//data.stats.gov.cn/workspace/index?m=hgnd）。

沃克（Walker）（2001）的研究认为，卫生费用的增长率一般比 GDP 的增长速度高 1 个百分点。莫尔（Mohr）、米勒（Mueller）（2001）认为，卫生总费用的增长率一般比经济增长高 1.5~2.0 个百分点，如果超过了这个比例，就是卫生总费用增长过快，与经济的发展不相适应。通过 2004—2016 年的数据可以看出，我国医疗卫生费用的增长率一直远高于 GDP 的增长率，如表 3-7 与图 3-8 所示：

表 3-7　2004—2016 年我国卫生总费用与 GDP 的比较

年份	卫生总费用（亿元）	卫生总费用年增长率（%）	GDP（亿元）	GDP 年增长率（%）
2004	7590.29	15.28	159453.60	10.1
2005	8659.91	14.09	183617.37	11.3
2006	9843.34	13.67	215904.41	12.7
2007	11573.97	17.58	266422.00	14.2
2008	14535.40	25.59	316030.34	9.6
2009	17541.92	20.68	340319.95	9.2
2010	19980.39	13.90	399759.54	10.3
2011	24345.91	21.85	468562.38	9.3
2012	27846.84	14.38	516282.06	7.7
2013	31668.95	13.73	590422.40	7.8
2014	35312.40	11.50	635910.00	7.3
2015	40974.64	16.03	689052.10	6.9
2016	46344.88	13.11	743585.50	6.7

数据来源：中华人民共和国国家统计局（http：//data.stats.gov.cn/workspace/index?m=hgnd）。

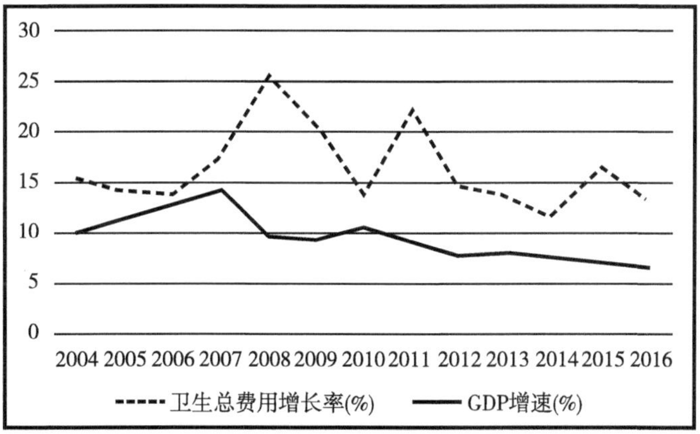

图 3-8　2004—2016 年卫生总费用与 GDP 增速比较

数据来源：中华人民共和国国家统计局（http：//data.stats.gov.cn/workspace/index?m=hgnd）。

二、卫生费用的结构分析

卫生总费用指一个国家或地区在一定时期内，为开展卫生服务活动从全社会筹集的卫生资源的货币总额，按来源法核算。它反映一定经济条件下，政府、社会和居民个人对卫生保健的重视程度和费用负担水平，以及卫生筹资模式的主要特征和卫生筹资的公平性合理性。

按照国家统计局的统计标准来看，我国卫生总费用有三个组成部分，分别为政府卫生支出、社会卫生支出、个人现金卫生支出。

例如，2016 年我国卫生总费用的组成情况如表 3-8 所示：

表 3-8　2016 年我国卫生总费用组成情况

（单位：亿元）

卫生总费用	46344.88
政府卫生支出	13910.31
社会卫生支出	19096.68
个人现金卫生支出	13337.90

数据来源：中华人民共和国国家统计局（http：//data.stats.gov.cn/workspace/index?m=hgnd）。

可以较直观地用图 3-9 表示：

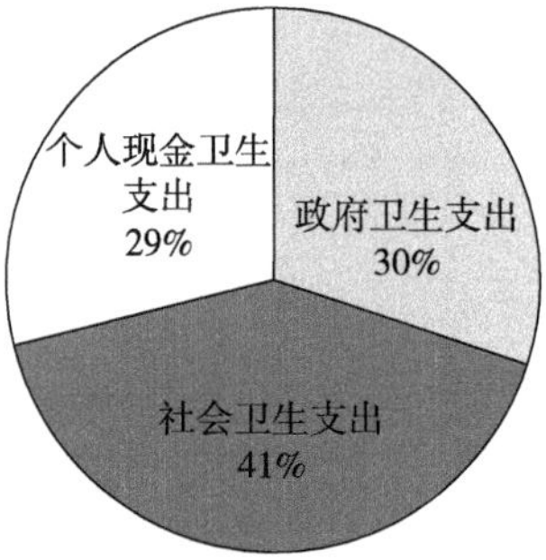

图 3-9　2016 年我国卫生总费用构成情况

数据来源：中华人民共和国国家统计局（http：//data.stats.gov.cn/workspace/index?m=hgnd）。

政府卫生支出指各级政府用于医疗卫生服务、医疗保障补助、卫生和医疗保险行政管理、人口与计划生育事务支出等各项事业的经费。社会卫生支出指政府支出以外的社会各界对卫生事业的资金投入。包括社会医疗保障支出、商业健康保险费、社会办医支出、社会捐赠援助、行政事业性收费收入等。个人现金卫生支出指城乡居民在接受各类医疗卫生服务时的现金支付，包括享受各种医疗保险制度的居民就医时自付的费用，可分为城镇居民、农村居民个人现金卫生支出，反映城乡居民医疗卫生费用的负担程度。表 3–9 反映了卫生总费用三个构成部分从 1995 年至 2016 年这 22 年的变化情况：

表 3–9　1995—2016 年我国卫生总费用及组成情况

（单位：亿元）

指标＼年份	1995 年	1996 年	1997 年	1998 年	1999 年	2000 年
卫生总费用	2155.13	2709.42	3196.71	3678.72	4047.50	4586.63
政府卫生支出	387.34	461.61	523.56	590.06	640.96	709.52
社会卫生支出	767.81	875.66	984.06	1071.03	1145.99	1171.94
个人卫生支出	999.98	1372.15	1689.09	2017.63	2260.56	2705.17
指标＼年份	2001 年	2002 年	2003 年	2004 年	2005 年	2006 年
卫生总费用	5025.93	5790.03	6584.10	7590.29	8659.91	9843.34
政府卫生支出	800.61	908.51	1116.94	1293.58	1552.53	1778.86
社会卫生支出	1211.43	1539.38	1788.50	2225.35	2586.41	3210.92
个人卫生支出	3013.88	3342.14	3678.67	4071.35	4520.98	4853.56
指标＼年份	2007 年	2008 年	2009 年	2010 年	2011 年	2012 年
卫生总费用	11573.97	14535.40	17541.92	19980.39	24345.91	27846.84
政府卫生支出	2581.58	3593.94	4816.26	5732.49	7464.18	8431.98
社会卫生支出	3893.72	5065.60	6154.49	7196.61	8416.45	10030.70
个人卫生支出	5098.66	5875.86	6571.16	7051.29	8465.28	9656.32
指标＼年份	2013 年	2014 年	2015 年	2016 年		
卫生总费用	31668.95	35312.40	40974.64	46344.88		
政府卫生支出	9545.81	10579.23	12475.28	13910.31		
社会卫生支出	11393.79	13437.75	16506.71	19096.68		
个人卫生支出	10729.34	11295.41	11992.65	13337.90		

数据来源：中华人民共和国国家统计局（http：//data.stats.gov.cn/workspace/index?m=hgnd）。

为了更为明显地表示出这三个组成部分的变化，用图 3–10 来表示三个组成部分的变化情况：

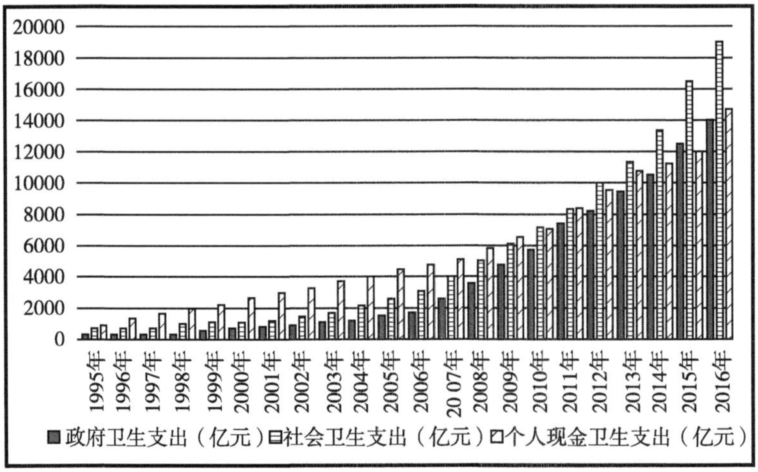

图 3-10　1995—2016 年我国政府卫生支出、社会卫生支出、个人现金卫生支出情况汇总

数据来源：中华人民共和国国家统计局（http：//data.stats.gov.cn/workspace/index?m=hgnd）。

由图 3-10 可以看出，三个部分都是持续增长的趋势。但具体每个部分的变化情况是怎样的呢？我们用每个部分所占卫生总费用的比例进行分析。我们通过对国家统计局的数据进行处理，得出表 3-10：

表 3-10　1995—2016 年我国政府、社会、个人卫生支出占比情况

（单位：%）

指标 \ 年份	1995 年	1996 年	1997 年	1998 年	1999 年
政府卫生支出占卫生总费用比例	17.97	17.04	16.38	16.04	15.84
社会卫生支出占卫生总费用比例	35.63	32.32	30.78	29.11	28.31
个人卫生支出占卫生总费用比例	46.40	50.64	52.84	54.85	55.85
指标 \ 年份	2000 年	2001 年	2002 年	2003 年	2004 年
政府卫生支出占卫生总费用比例	15.47	15.93	15.69	16.96	17.04
社会卫生支出占卫生总费用比例	25.55	24.10	26.59	27.16	29.32
个人卫生支出占卫生总费用比例	58.98	59.97	57.72	55.87	53.64
指标 \ 年份	2005 年	2006 年	2007 年	2008 年	2009 年
政府卫生支出占卫生总费用比例	17.93	18.07	22.31	24.73	27.46
社会卫生支出占卫生总费用比例	29.87	32.62	33.64	34.85	35.08
个人卫生支出占卫生总费用比例	52.21	49.31	44.05	40.42	37.46
指标 \ 年份	2010 年	2011 年	2012 年	2013 年	2014 年
政府卫生支出占卫生总费用比例	28.69	30.66	29.99	30.10	29.96

续表

指标＼年份	2010	2011	2012	2013	2014
社会卫生支出占卫生总费用比例	36.02	34.57	35.67	36.00	38.05
个人卫生支出占卫生总费用比例	35.29	34.80	34.34	33.90	31.99
指标＼年份	2015 年	2016 年			
政府卫生支出占卫生总费用比例	30.45	30.01			
社会卫生支出占卫生总费用比例	40.29	41.21			
个人卫生支出占卫生总费用比例	29.27	28.78			

数据来源：中华人民共和国国家统计局（http：//data.stats.gov.cn/workspace/index?m=hgnd）。

可以直观表示为图 3-11 所示：

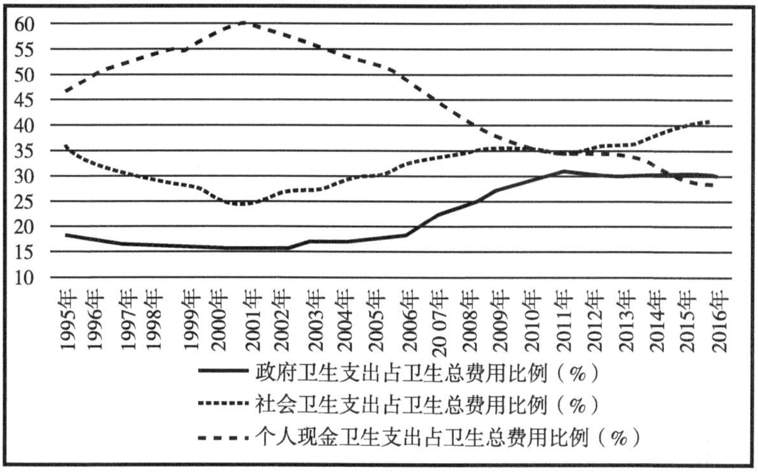

图 3-11　1995—2016 年卫生总费用各组成部分占比情况

数据来源：中华人民共和国国家统计局（http：//data.stats.gov.cn/workspace/index?m=hgnd）。

三、卫生总费用的结构与卫生总费用的增长

2001—2016 年我国卫生总费用数据如表 3-11 所示：

表 3-11　2001—2016 年我国卫生总费用及其构成

（单位：亿元）

指标＼年份	2001 年	2002 年	2003 年	2004 年	2005 年	2006 年
卫生总费用	5025.93	5790.03	6584.10	7590.29	8659.91	9843.34

续表

指标 \ 年份	2001 年	2002 年	2003 年	2004 年	2005 年	2006 年
政府卫生支出	800.61	908.51	1116.94	1293.58	1552.53	1778.86
社会卫生支出	1211.43	1539.38	1788.50	2225.35	2586.41	3210.92
个人卫生支出	3013.88	3342.14	3678.67	4071.35	4520.98	4853.56
指标 \ 年份	2007 年	2008 年	2009 年	2010 年	2011 年	2012 年
卫生总费用	11573.97	14535.40	17541.92	19980.39	24345.91	27846.84
政府卫生支出	2581.58	3593.94	4816.26	5732.49	7464.18	8365.98
社会卫生支出	3893.72	5065.60	6154.49	7196.61	8416.45	9916.31
个人卫生支出	5098.66	5875.86	6571.16	7051.29	8465.28	9564.55
指标 \ 年份	2013 年	2014 年	2015 年	2016 年		
卫生总费用	31668.95	35312.40	40974.64	46344.88		
政府卫生支出	9545.81	10579.23	12475.28	13910.31		
社会卫生支出	11393.79	13437.75	16506.71	19096.68		
个人卫生支出	10729.34	11295.41	11992.65	13337.90		

数据来源：中华人民共和国国家统计局（http：//data.stats.gov.cn/workspace/index?m=hgnd）。

在卫生总费用的三个组成部分中，与人民群众最直接相关的医疗服务费用主要由社会卫生支出和个人现金卫生支出两部分所组成，是“看病难、看病贵”的直接体现。这是因为，政府卫生支出是各级政府用于卫生和医疗保险行政管理、人口与计划生育事务支出等各项事业的经费，并非人民群众直接承担。

因此，接下来对 2001—2016 年个人现金卫生支出和社会卫生支出进行分析。如图 3–12、图 3–13 所示：

由图 3–12 和图 3–13 我们可以看出，2001–2016 年期间，个人现金卫生支出虽然一直处于增长状态，但是其占卫生总费用的比例总体上来说却是下降的；而社会卫生支出在开始的时候，无论是绝对量还是比例上，都落后于个人现金卫生支出，但到 2016 年，已远超个人卫生支出。

社会卫生支出指政府支出以外的社会各界对卫生事业的资金投入。包括社会医疗保障支出、商业健康保险费、社会办医支出、社会捐赠援助、行政事业性收费收入等。个人现金卫生支出指城乡居民在接受各类医疗卫生服务时的现金支付，包括享受各种医疗保险制度的居民就医时自付的费用。

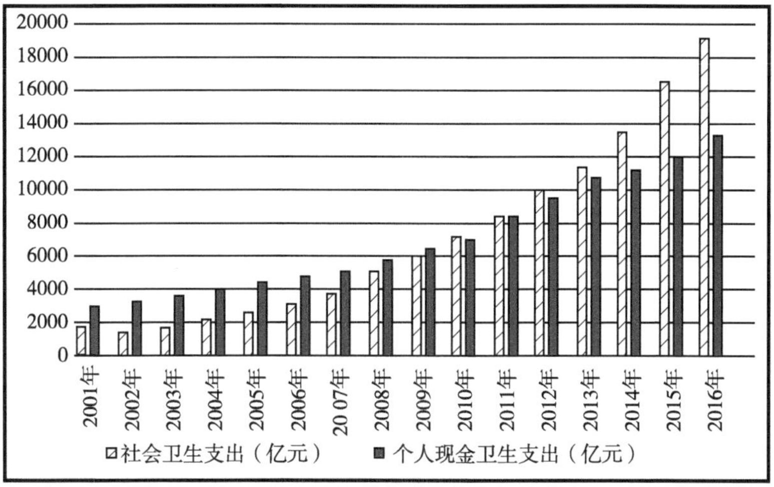

图 3-12　2001—2016 年社会卫生支出和个人现金卫生支出情况

数据来源：中华人民共和国国家统计局（http：//data.stats.gov.cn/workspace/index?m=hgnd）。

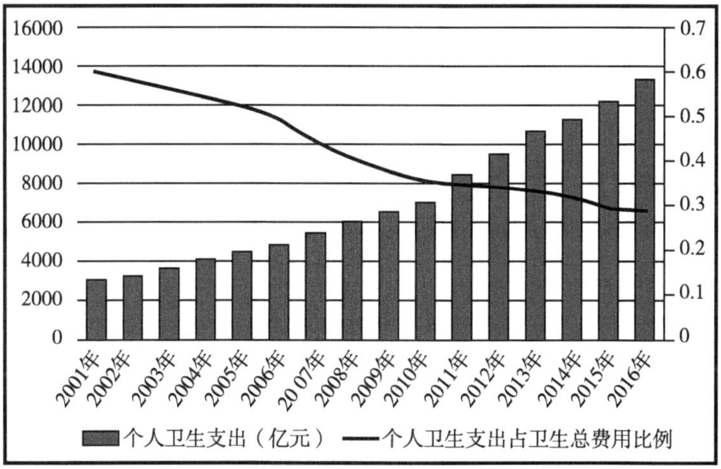

图 3-13　2001—2016 年个人现金卫生支出情况

数据来源：中华人民共和国国家统计局（http：//data.stats.gov.cn/workspace/index?m=hgnd）。

以上说明，随着我国医疗保障事业的深入，社会医疗保险无论是在保障范围上还是在保障力度方面，都有了很大的发展。根据我国对医疗保障事业的远景规划和其他国家的经验，下面的结论是显而易见的：个人现金卫生支出所占比重将会继续减少，而社会卫生支出所占比重将会持续增加。

社会卫生支出按照其定义，包括社会医疗保障支出、商业健康保险费、社会办医支出、社会捐赠援助、行政事业性收费收入等，其中最主要的就是社会医疗保险费用。据国家统计局的统计及 2017 年中国卫生和计划生育统计年鉴的数据，2016 年，我国社会卫生支出 19096.68 亿元，新型农村合作医疗保险基金支出 1363.64 亿元，城镇基本医疗保险（包括城镇职工基本医疗保险、城镇居民基本医疗保险）基金支出 10767.10 亿元，合计 12130.74 亿元。按照 2016 年的数据，我们可以用图 3-14 来表示社会医疗保险费用与社会卫生支出之间的关系。

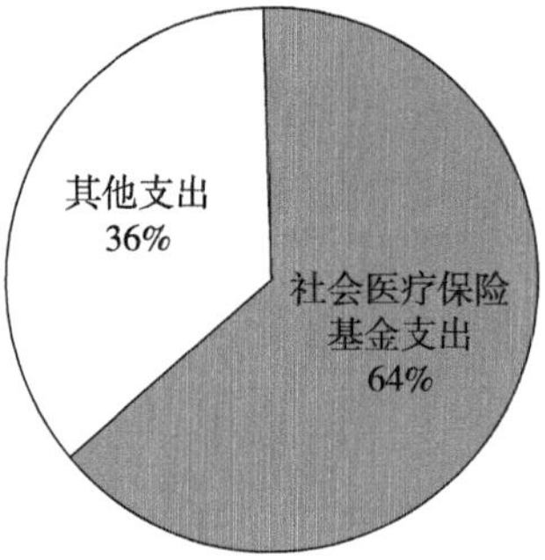

图 3-14　2016 年社会卫生支出组成

数据来源：中华人民共和国国家统计局（http：//data.stats.gov.cn/workspace/index?m=hgnd）。

社会医疗保险是医疗保障的重要的筹资方式之一，社会医疗保险基金的收入直接关系到医疗保障制度的可持续性和保障力度，关系到人民的切身利益和国家的长治久安。

19 世纪 80 年代，德国首相俾斯麦（Bismarck）建立了世界上第一个社会医疗保险制度。社会医疗保险是国家通过立法形式强制实施，由雇主和个人按照一定比例缴纳保险费，建立社会医疗保险基金，支付雇员医疗费用的一种医疗保险制度。

社会医疗保险的主要优点在于：经费来源于个人、单位和政府，筹资风险和不良健康状况风险由所有筹资者承担。

就目前我国的情况来看，社会医疗保险的问题也是非常明显而且严重的，这是由社会医疗保险本身的特点和功能决定的。社会医疗保险条件下的医疗费用第三方支付制度，会出现道德风险的损害。关于这种现象，国内国外学者都已经进行了深入的实证研究，并得出了相应的结论。（详见本书第五章）

所以针对当前我国医疗保障事业的未来发展以及存在的费用增长的问题，

对医疗保险费用的增长进行分析是非常重要的。

四、社会医疗保险费用的增长是卫生总费用增长、医疗费用增长的最重要原因

目前，我国社会医疗保险基金的支出主要包括两个方面：城镇基本医疗保险和新型农村医疗保险。其中城镇基本医疗保险又包括两个组成部分：城镇职工基本医疗保险和城镇居民基本医疗保险。它们各自的金额和变化情况，可以用图 3–15、图 3–16 来表示：

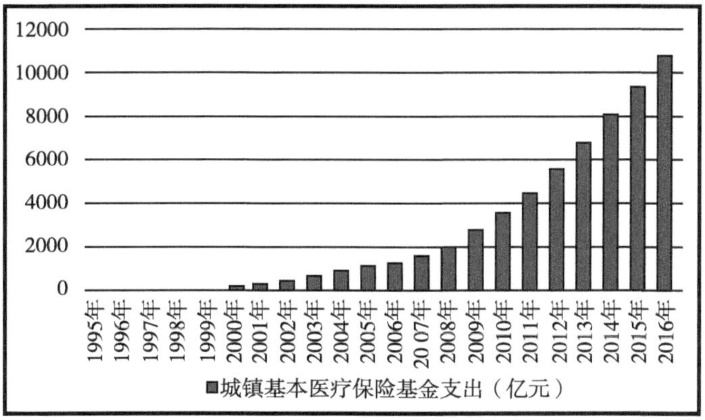

图 3–15　1995—2016 年我国城镇基本医疗保险基金支出

数据来源：中华人民共和国国家统计局（http：//data.stats.gov.cn/workspace/index?m=hgnd）。

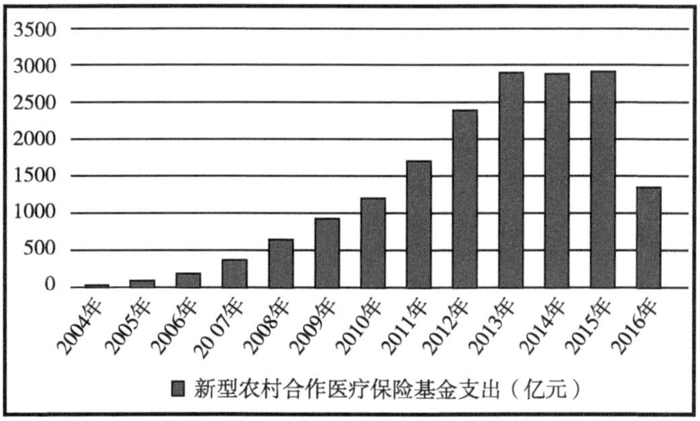

图 3–16　2004—2016 年我国新型农村合作医疗保险基金支出

数据来源：中华人民共和国国家统计局（http：//data.stats.gov.cn/workspace/index?m=hgnd）。

图 3-15、图 3-16 显示，社会医疗保险基金支出呈现出较大的增长幅度。按照国家统计局统计数据显示，近年来，社会医疗保险基金支出的增长超过卫生总费用的增长幅度，是卫生总费用增长的一个重要来源。

下面我们以城镇基本医疗保险基金支出为例进行分析，考察社会医疗保险费用占卫生总费用比例的变化，以及两者增长速度的比较来说明这个问题。如表 3-12 和图 3-17 所示：

表 3-12　1995—2016 年我国城镇基本医疗保险基金支出情况

年份 指标	1995 年	1996 年	1997 年	1998 年	1999 年	2000 年
卫生总费用（亿元）	2155.13	2709.42	3196.71	3678.72	4047.50	4586.63
城镇基本医疗保险基金支出（亿元）	7.3	16.2	40.5	53.3	69.1	124.5
城镇基本医疗保险基金支出占卫生总费用的比例	0.003387	0.005979	0.012669	0.014489	0.017072	0.027144
年份 指标	2001 年	2002 年	2003 年	2004 年	2005 年	2006 年
卫生总费用（亿元）	5025.93	5790.03	6584.10	7590.29	8659.91	9843.34
城镇基本医疗保险基金支出（亿元）	244.1	409.4	653.9	862.2	1078.7	1276.7
城镇基本医疗保险基金支出占卫生总费用的比例	0.048568	0.070708	0.099315	0.113592	0.124562	0.129702
年份 指标	2007 年	2008 年	2009 年	2010 年	2011 年	2012 年
卫生总费用（亿元）	11573.97	14535.40	17541.92	19980.39	24345.91	27846.84
城镇基本医疗保险基金支出（亿元）	1561.8	2083.6	2797.4	3538.1	4431.4	5543.6
城镇基本医疗保险基金支出占卫生总费用的比例	0.134941	0.143347	0.159469	0.177079	0.182018	0.199075
年份 指标	2013 年	2014 年	2015 年	2016 年		
卫生总费用（亿元）	31668.95	35312.40	40974.64	46344.88		
城镇基本医疗保险基金支出（亿元）	6801.0	8133.6	9312.1	10767.1		
城镇基本医疗保险基金支出占卫生总费用的比例	0.214753	0.230332	0.227264	0.232326		

数据来源：中华人民共和国国家统计局（http：//data.stats.gov.cn/easyquery.htm?cn=C01&zb=A0S0Z&sj=2016）。

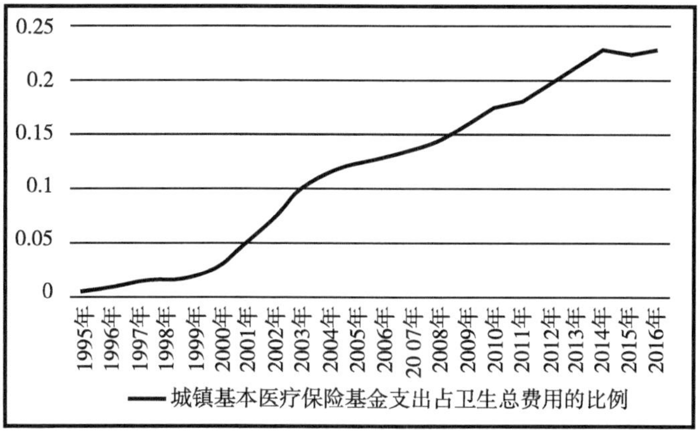

图 3-17　1995—2016 年我国城镇基本医疗保险基金支出占卫生总费用的比例

数据来源：中华人民共和国国家统计局（http：//data.stats.gov.cn/easyquery.htm?cn=C01&zb=A0S0Z&sj=2016）。

可以看出，城镇基本医疗保险基金支出占卫生总费用的比例是持续上升的。

下面开始考察两者的增长速度。在速度方面，我们以 2003 年为基准，通过对历年卫生总费用与 2003 年之比、历年城镇基本医疗保险基金支出与 2003 年之比两者的比较来进行考察，如表 3-13 所示。我们通过数据分析可以得到图 3-18。

表 3-13　2003—2016 年我国卫生总费用与城镇基本医疗保险基金与 2003 年对比情况

（单位：亿元）

年份 指标	2003 年	2004 年	2005 年	2006 年	2007 年
卫生总费用	6584.10	7590.29	8659.91	9843.34	11573.97
城镇基本医疗保险基金支出	653.9	862.2	1078.7	1276.7	1561.8
历年卫生总费用与 2003 年之比	1.0	1.2	1.3	1.5	1.8
历年城镇基本医疗保险基金支出与 2003 年之比	1.0	1.3	1.6	2.0	2.4
年份 指标	**2008 年**	**2009 年**	**2010 年**	**2011 年**	**2012 年**
卫生总费用	14535.40	17541.92	19980.39	24345.91	27846.84
城镇基本医疗保险基金支出	2083.6	2797.4	3538.1	4431.4	5543.6
历年卫生总费用与 2003 年之比	2.2	2.7	3.0	3.7	4.2
历年城镇基本医疗保险基金支出与 2003 年之比	3.2	4.3	5.4	6.8	8.5

续表

指标	2013年	2014年	2015年	2016年	
卫生总费用	31668.95	35312.40	40974.64	46344.88	
城镇基本医疗保险基金支出	6801.0	8133.6	9312.1	10767.1	
历年卫生总费用与2003年之比	4.8	5.4	6.2	7.0	
历年城镇基本医疗保险基金支出与2003年之比	10.4	12.4	14.2	16.5	

数据来源：中华人民共和国国家统计局（http：//data.stats.gov.cn/workspace/index?m=hgnd）。

用折线图可以直观表示为：

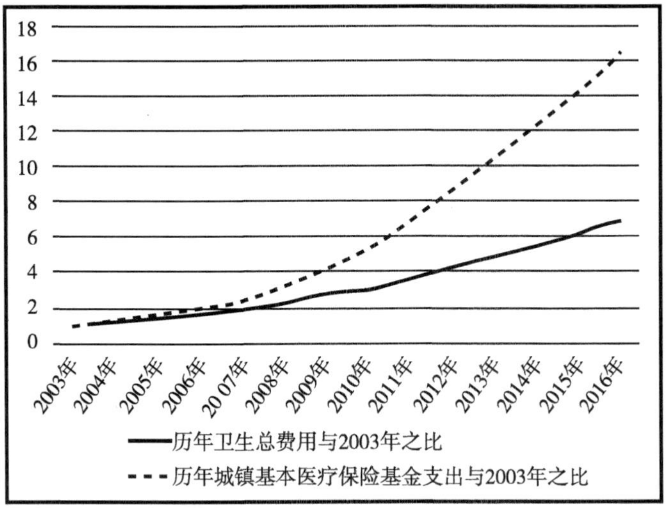

图3–18　2003—2016年我国卫生总费用与城镇基本医疗保险基金支出增速比较（以2003年为基准）

数据来源：中华人民共和国国家统计局（http：//data.stats.gov.cn/workspace/index?m=hgnd）。

由上面的图表我们可以非常直观地看出，社会医疗保险基金的支出在卫生总费用中所占的比例越来越高，而且社会医疗保险基金支出的增长幅度远远要高于卫生总费用的增长幅度，同样我们通过对数据的分析也可以知道，在卫生总费用的所有构成部分中，社会医疗保险费用的增长速度是最快的。

通过第二节的分析，我们可以得到这样的结论：社会医疗保险费用的增长是卫生总费用增长的最重要原因，同样是医疗费用增长的最重要的原因。

本书认为，医疗保险费用的上涨是由多种因素引起的，但是主要可以分为两个方面：一方面是正常的增长，其中原因包括经济的发展、医疗技术的进步、疾病的变化、人们观念的转变等；另一方面是不正常的增长，是医疗保险费用的不合理上升，本书认为其中包括制度的因素和社会保险本身第三方支付的特点引起的道德风险。其中，后者就是本书研究的重点。

第三节　控制医疗保险费用不合理上升的必要性

一、减轻居民经济负担

从2004年、2010年、2016年卫生部发布的第三、四、五次卫生服务调查结果可以看出，“看病贵”一直是老百姓就医时所面临的最大问题，因病致贫、因病返贫现象屡屡发生。很多居民有这样的感觉，以前几毛钱就可以看好的小病，在今天需要花几百甚至上千块钱才能治好，如果得了大病，昂贵的医药费用让普通百姓望而却步，小病熬、大病拖是很多人的现实写照。许多居民生病却不敢去看病，医生要求住院却没有住院，已经住院却提前出院，这一切发生的原因都在于医疗费用给居民带来了沉重的经济负担。

前面我们已经对医疗费用的上升原因进行了简单陈述，诸如经济增长、人口增加、老龄化程度加深、医疗技术革新、疾病谱变化、人们健康意识增加、道德风险产生过度医疗等，对于合理的增长原因，本书认为这是随着时代的发展和进步而自然产生的，不应当去控制，而对于因制度弊端而产生的各种过度医疗导致的费用不合理上升，本书认为应当进行控制，避免昂贵医疗费用给居民带来的经济负担，让居民看病所花的每一分钱都能发挥其最大效用。

二、提升社会医疗保险基金使用效率

我国社会医疗保险基金的筹集总原则是“以支定收，量入为出，收支平衡，略有结余”。[①] 其中“以支定收、收支平衡”是保证社会医疗保险平稳运

---

① 仇雨临．医疗保险［M］．北京：中国劳动社会保障出版社，2008：155.

行的必然要求。我国社会医疗保险基金的筹资渠道主要有：雇主（单位）、雇员（个人）、国家补贴、利息收入、调剂收入、转移收入等，其中雇主和雇员是医保基金的主要资金来源。

从上一节对医疗保险费用增长的分析我们可以知道，卫生总费用的年增长率始终高于GDP的年增长率。由于我国社会医疗保险基金的筹集是对参保人工资按比例计提的，如果医疗费用持续快速增长，造成的后果可能有两个：第一，社会医疗保险基金收支不平衡。随着医疗费用的飞速发展，社会医疗保险基金的筹集速度落后于支出的速度，那么基金将会出现赤字，影响社会医疗保险制度的可持续发展。第二，提高参保人保险费率。在以支定收的原则下，如果要维持社会医疗保险基金结余，那么就必须在基金支出不断增加的情况下也增加基金的筹资，因此必然会导致参保人保险费率的提高。如此一来，参保人的保障水平没有改变，但是投入资金却增加了，整个社会医疗保险基金的使用效率因此降低。

为了维持社会医疗保险基金的平稳运行，提高基金使用效率，发挥其对参保人疾病风险的保障作用，我们必须对医疗保险费用的不合理上升进行必要的控制。

第四节　小结

本章通过对我国医疗保障事业发展历程的梳理以及对现状的分析，认为我国医疗保障事业目前存在医疗服务费用增长过快、医疗保障水平不高、医疗机构公益性弱化、疾病负担沉重、基本药物制度推进存在困难、公立医院改革问题等。本书认为，在所有这些问题中，核心问题是费用增长过快。

接下来，本章根据国家统计局历年的统计数据，对医疗总费用进行分析。我国的医疗总费用分为政府卫生支出、社会卫生支出、个人现金卫生支出。通过对数据的分析发现，社会卫生支出在近十多年来，即随着医改的不断深入，在增长速度方面超过其他部分，在卫生总费用中所占比例方面不断增加。另外，本章通过对2001—2016年的数据进行分析，得出社会卫生支出对我国卫生总费用的增长贡献最大，超过个人现金卫生支出和政府卫生支出。

而在社会卫生支出中，以2016年统计数据看，占主导的是社会医疗保险基金的支出。社会医疗保险费用的支出，在医疗总费用中的占比越来越高，其增长速度也远远超过卫生总费用的增长速度。

所以本书认为，我国当前医疗保障事业所面临的卫生费用过快增长的问题，最重要的诱因便是社会医疗保险费用的过快增长。

由制度因素和社会保障本身第三方支付的特点引起的道德风险所导致的社会医疗保险费用的不合理过快增长会带来很多负面作用：增加政府和民众的经济负担、降低医疗保障水平、影响社会医疗保险基金的运行和社会医疗保险制度的健康发展等。

为此，本章提出应当控制社会医疗保险费用的不合理增长，以提高社会医疗保险基金的使用效率和居民的医疗保障水平。

第四章　医疗服务市场的经济学分析

任何费用的发生都离不开其所处的市场环境，医疗保险费用也不例外。医疗保险费用的不合理上升与医疗服务市场的特殊性密切相关，因此我们有必要对其进行分析。医疗服务市场的特殊性决定了医疗服务市场与完善的竞争市场相去甚远，存在着严重的市场失灵。市场失灵的主要原因包括公共物品的外部性、信息不对称、市场垄断、需求刚性、价格黏性等。本章就医疗服务市场的特殊性进行逐一分析。

第一节　医疗服务的概念与性质

医疗服务是医疗机构提供给市场的、用于满足人们医疗保健需要的、以服务形式存在的消费品，属于无形产品。医疗服务与一般商品和服务相比具有共性，也具有特殊性。二者的共性在于都具有资源的稀缺性和需求无限性的矛盾，因而都可以成为具有价格机制的私人产品，然而医疗服务又具有特殊性，这种特殊性使其与一般商品和服务区别开来。

一、医疗服务的公共物品属性

公共物品是指在消费和使用上兼具非竞争性和非排他性的物品，公共物品的本质属性在于其公平性与公益性，不以利润最大化为原则，人人尽享，一般由政府提供。我们一般可将医疗服务分为两类：[①]第一类是医疗服务对患者就所患疾病或所受伤害进行的治疗，目的是使其恢复身体健康；第二类是以提高人民群众的健康水平为宗旨的公共卫生服务。公共卫生服务属于纯公共物品范畴，由政府提供，具有边际收益递增的性质，比如健康教育、卫生保健、传染病的预防与控制、计划免疫等。对于公共物品范畴内的医疗服务，实施得越好，病人就会越少，医院自然不愿提供此类医疗服务，因此只能由政府提供。[②]

① 仇雨临．医疗保险［M］．北京：中国劳动社会保障出版社，2008：31.
② 仇雨临．医疗保险［M］．北京：中国劳动社会保障出版社，2008：59.

二、医疗服务的外部性特征

公共卫生服务属于公共物品的范畴，决定了其结果的正外部性。在医疗卫生领域，如健康教育、卫生保健、传染病的预防与控制、计划免疫、母婴保健等都具有很强的正外部性。例如，健康教育和卫生保健可以提高人们的健康理念，养成良好的生活习惯并对疾病有所预防，减少未来患病率；传染病的预防与控制可以防止其在一定地区范围内大规模爆发，减少社会不安因素，维护社会稳定；母婴保健可以有效降低婴儿的各种先天性疾病的发生概率，提高未来人口身体素质和健康水平。不仅在公共卫生服务领域，基本医疗服务领域也具有正的外部性，例如接受良好医疗服务有助于全民身体素质的提高，从而有利于提高未来社会生产力。

三、医疗服务的不可选择性

在一般商品或服务的消费中，消费者遵循供求原则，在商品或服务价格提高时，选择减少购买，而在商品或服务价格降低时，选择增加购买，此时消费者对商品或服务具有自主选择权和决定权。而当消费者面临医疗服务的消费时，与一般商品和服务的消费不同，供求机制发生了变化。消费者对于医疗服务的需求完全出于自身的生理原因，医疗服务也只能在消费者患病或受伤时给消费者带来效用。因此，消费者只要患病或受伤，即使医疗服务的价格再高，也必须及时进行消费以获得健康的满足。这种消费是不可控的，不可选择的，几乎完取决于消费者的生理需求，因此对于消费者来说，医疗服务具有不可选择性。

四、医疗服务的不可逆转性

一般情况下，商品和服务的生产过程和消费过程是相分离相递进的，消费者购买了某种商品或服务时，如果不满意，可以进行退换货或者要求重新提供服务，此时消费者具有自主权，商品和服务对消费者来说可以逆转而几乎不会造成损失。医疗服务与一般商品和服务不同，生产过程与消费过程同时进行，无法分离，因此消费者在进行医疗服务消费时不能选择退换货，因为吃下去的药不能再吐出来，已经动过的手术也不能从头再来，而且如果错过误了最佳治疗时机，将会对消费者的身体健康甚至生命造成不可逆转的损失。因此医疗服务的消费具有不可逆转性。消费者在对医疗服务进行选择时往往不会按照一般的供求规律，为了降低机会成本，消费者通常会选择技术水平高、安全的医疗服务，而不是以价格为选择标准。

五、医疗服务的不确定性

在医疗卫生领域，医疗服务的不确定性可能比任何其他重要商品都要严重。疾病的痊愈就像疾病的发生一样不可预测。对于大多数商品来说，从自己或他人的经验中学习的可能性很大，因为有足够多的反复试验的经验。而对于医疗服务来说，如果病情严重时，这种学习一般是不可能的；缺乏经验导致的不确定性加大了预测的难度。而且，对于重病的医疗服务来说，以效用变化来衡量的不确定性程度，要远远高于其他大型商品诸如汽车、房产的不确定性程度。

医疗服务的不确定性主要表现在两个方面：一是治疗方案与结果的不确定性。由于医疗服务属于实验性科学，医生对于患者疾病的诊断和治疗往往根据专业知识和经验，而不像一般商品那样存在一个固定标准，同一种疾病在不同患者身上的表现不尽相同，治疗也会要求有一个过程，这就决定了疾病的治疗和结果均存在不确定性；二是医疗服务的满意度具有主观不确定性。医疗服务引入市场机制之后也可以将其认定为商品，患者对医疗服务进行消费之后也会对其进行评价，然而一般的商品和服务在质量存在问题时可以降价销售而不会对消费者造成损失，医疗服务一旦出现“质量问题”往往会伴随医生误诊、医疗事故等对患者身体或生命造成危害的情况，患者对医疗服务的期望值因人而异，加上治疗效果存在的不确定性，患者的主观满意度也会存在极大的不确定性。

第二节　信息不对称

医疗服务市场中医生与患者由于医疗知识存量的差异存在信息不对称，

当保险第三方加入时，信息不对称从医患双方扩大到医、患、保三方。

一、进入壁垒

竞争市场的一个最显著特征是供方能够自如地进入和退出市场，然而医疗服务市场却不具备这个特点。我们知道医生在获得从业资格进行行医看病之前必须在医学院经过专业学习和培训，这会花费大量的时间和精力。不论过去还是现在，医学院都发挥着进入壁垒的作用。从医疗服务的供给来看，医学院是一个不容忽视的直接限制因素。此外行医执照和行医证书也是两个常见的限制人们进入医疗服务行业的方式。当然，奉行以上政策的目的是为了保护消费者的健康利益，避免不知就里的消费者向能力不足的供给者寻求服务。

肯尼斯·阿罗认为，医疗服务市场对竞争性行为的最显著偏离就是它的进入壁垒，进入壁垒限制了资源的流动，造成了不完全竞争。进入壁垒在医疗服务市场最直接的反应是造成了医患之间以及医、患、保之间的信息不对称。①

二、医生与患者之间的信息不对称

医生与患者之间的信息不对称表现在对专业医疗知识，医疗服务的内容、价格、数量、效果等信息的掌握程度存在很大差异。由于医生在获取从业资格之前经过专业学习和培训，而患者相对医生而言对该领域的信息近乎处于“无知”的状态，患者即使通过他人或以往个人经验获得相关医疗知识，也未必是准确可靠的。当患者患病或受伤向医生寻求医疗服务时，只能向医生进行咨询，对于医生提供的治疗方案、检查及药品数量等只能被动接受，几乎没有讨价还价的能力。医生既是占据信息优势的一方，同时又是医疗服务的销售方，那么医生完全可以依据个人的信息优势和销售地位对患者进行诱导需求，开大处方，以获取个人利益的最大化。由此看来，在医疗服务市场中医生作为医疗服务的供方，具有其他一般商品市场中供方所不具有的市场力量。在医疗服务市场中，供给甚至可以创造需求。

---

① Arrow, K. J. Uncertainty and the Welfare Economics of Medical Care［J］.American Economic Review, 1963, 53,（5）：941–973.

三、医生、患者、保险机构三方的信息不对称

当保险机构加入到医疗服务市场中时，原本医患双方的信息不对称扩大到医、患、保三方之间。具体表现有以下两点：

第一，保险机构对医生信息不对称。前文已经提到，医生在医患关系当中占据绝对的信息优势，现在医生如果将这种信息优势进一步扩大化，那么保险机构同样会处于信息劣势。医生的责任是为患者提供医疗服务以使其恢复健康，然而医疗服务的生产过程和消费过程对保险机构来说就如同一个黑箱，输入的是患者数量，输出的是医疗费用，保险机构同样对治疗过程存在信息不对称，无法对治疗过程进行有效监督。

第二，保险机构对患者信息不对称。对于每一个患者（被保险人）来说，保险机构显然无法得到其真实健康状况的完全信息，只能凭借历史指标和数据推算出该患者的健康状况，如果患者故意隐藏或篡改私人信息，保险机构难以判断。除此之外，如果医生和患者出于共同的利益进行合谋，多开药，开贵药，做不必要的检查，甚至发生骗保行为，保险机构对二者的行为也难以进行有效监督。

第三节　市场结构——垄断

一、自然垄断

医疗服务的特殊性决定了医疗服务市场的特殊地位。由于医疗卫生行业切实关系到全民的身体素质和健康水平，因此世界上无论哪个国家对该行业的准入都制定了严格的标准和限制，医生在获取从业资格之前必须在医学院经过规定年份的学习并且达到毕业标准。因此，严格的准入制度以及医疗技术的垄断造成了医疗服务行业的自然垄断。

阿罗认为，准入制度的限制，也就是技术壁垒导致了医疗服务市场对完全竞争市场的偏离。弗里德曼和库兹涅茨（Kuznets）详细考察了二战前的数据，认为医生的较高收入可归因于准入制度的限制。[①] 斯蒂格利茨（Stiglitz）

① Arrow, K. J. Uncertainty and the Welfare Economics of Medical Care [J].American Economic Review, 1963, 53,(5): 941-973.

把医疗服务市场和一般商品市场进行比较后，发现医疗服务市场具有较强的特殊性，与标准竞争市场存在很大的不同。医疗服务市场的特殊性主要表现在信息、供给、产品、目标和费用五个方面，具体如表 4-1 所示：

表 4-1　医疗服务市场与标准竞争市场的对比

标准竞争性市场	医疗服务市场
卖者的数量很多	医院的数量有限
公司的目标是利润最大化	大部分医院不以营利为目的
商品具有同质性	商品具有不同质性
买者的信息是充分的	买者的信息是不充分的
消费者直接付款	消费者只支付一部分费用

我们现在来考察医疗服务市场的结构。首先从张伯伦（Chamberlen）的垄断竞争市场理论开始分析。

张伯伦指出，垄断竞争市场的特点有两个：一是该行业中不同企业的产品存在差异；二是如果一个企业采取价格战略，将会改变其市场份额，即提高价格将会使原本属于自己的消费者转移到其他企业中去，而降低价格将使其他企业的消费者转移到自己手中来。①

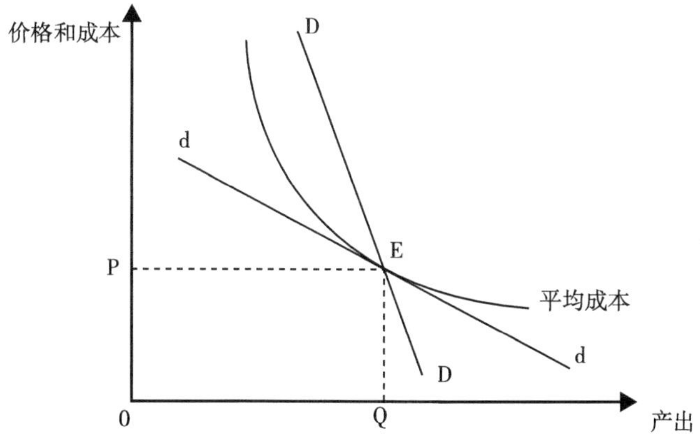

图 4-1　垄断竞争“双需求曲线”

从图 4-1 中我们可以看出，当一个企业改变自己产品的价格时，如果其他企业也随之做出价格调整，那么需求曲线为 DD，如果其他企业不随着做出

① ［英］多纳德·海，德理克·莫瑞斯. 产业经济学与组织（上册）［M］. 钟鸿钧等，译. 北京：经济科学出版社，2001：11-21.

价格调整，该企业面临的需求曲线为dd。这是因为在短期内，其他企业还来不及在价格上进行反应和调整，价格的变动在短期内给该企业带来了市场份额的增加，而在长期中，所有企业都会对价格进行调整，各企业会继续保持与原来一致的市场份额。我们也可以将dd需求曲线称为垄断竞争市场的短期需求曲线，DD需求曲线称为垄断竞争市场的长期需求曲线。因此对于垄断竞争市场中的企业来说，价格决策只能起到短期效果。

然而，医疗服务市场却与标准的垄断竞争市场存在差异，如果一个医院在短期内进行价格策略，想通过降低医疗服务的价格来赢取更多的市场份额几乎是不可能的，正如图4–1中DD曲线表示的那样。如果在长期内，该医院的医疗服务的价格信息被消费者获知，才有可能改变市场份额，此时的需求曲线变为dd曲线。由此可见，医疗服务市场的垄断特点与标准的垄断竞争市场正好相反。

医疗服务市场与标准垄断竞争市场的不同点在于：垄断竞争市场是信息完全的，不同企业的产品存在差异性，单个企业采取价格策略可以改变其市场份额，获得超额利润，但由于信息完全，其他企业会迅速调整策略，市场份额会恢复到价格调整之前的状态。然而医疗服务市场的特点就在于信息不对称，单个企业的价格调整不会造成份额的改变，即使医疗服务市场中所有医院的医疗服务完全一致，在短期内也不会对市场份额产生影响。从图4–2中我们可以看出，医疗服务市场特殊的垄断性导致其具有更高的垄断价格，即$P' > P$。

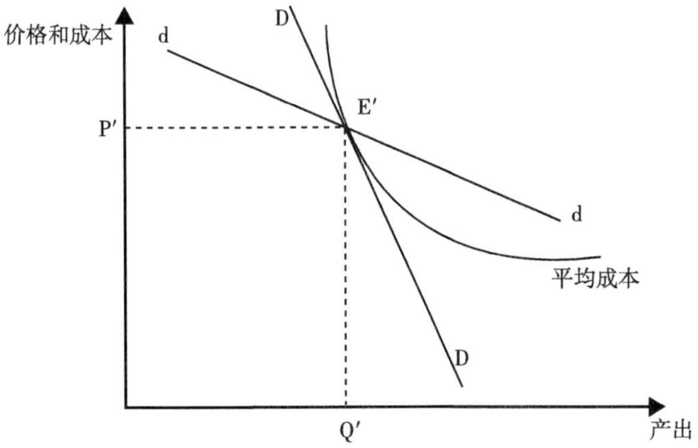

图4–2　医疗服务市场中的价格决策

接下来，我们来分析医疗服务这种特殊垄断性是怎样形成的。从经典的经济学理论我们可以得知，在商品的价格、质量、数量信息对称的前提下，行业中生产者进出自由，此时可以实现资源最优配置，达到帕累托最优状态。然而在医疗服务市场中，医患之间信息不对称，患者对医疗服务的价格、质量和数量均存在认识盲区，即便是掌握信息优势的医生，由于医学的经验性质，也无法对所有疾病进行绝对正确的治疗，无法给患者承诺绝对有效的治疗结果，因此医疗服务市场产生了对最优状态的偏离，造成市场失灵。

在垄断竞争市场中，消费者可以自由选择商品，而在医疗服务市场中，表面上看患者具有自由选择医院和医生的权利，然而实际上由于存在信息不对称，患者缺乏进行选择时所需要的对商品的了解，无法对医院和医生进行横向比较和理性选择。除此之外，医院的医疗条件、医生的技术水平、医疗服务产品的价格、数量、质量等有关信息都是事后才可以验证的，事前消费者无法得知。消费者接受医疗服务存在一个过程，在这个过程中消费者不断地搜寻信息，付出信息成本，然而这些信息的获取对于医院之间的竞争几乎不起作用。主要原因在于：第一，医疗服务具有不可逆性，当消费者已经开始接受医疗服务，就已经投入了时间、精力、成本和身体的体验，并且这些投入属于沉没成本，无法挽回，因此消费者不会选择其他医院重新开始接受治疗；第二，消费者无法得知其他医院是否具有价格更低的医疗服务，即使更低，转院所需要的成本也是无法估计的。

二、行政垄断

我国政府对医院独特的行政管制使得我国公立医院在医疗服务市场上具有行政垄断地位。我国实施的行政管制主要有以下三种：

（一）行业进入管制

改革开放以来，尽管在卫生行业进行市场化改革已经 20 多年，政府部门对医院进行了放权让利，但是在本质上所有权并没有发生改变，只是一种体制内的权力下放。从表 4-2 中可以看出，我国公立医院占医院总数的比例虽然近年来有所降低，但占据主导地位的局面依然没有改变。

在我国公立医院占据主导地位的局面既不是由于民营医院的主观困难，也不是由于医院不能采用民营方式经营，而是由于我国政府的行政管制。无论是从理论上还是在实践中都已经证明医院的公益性与医院的经营类型无关，民营医院可以与公立医院一样提供公益服务，目前这一结论已经被许多发达国家的经验所证实。[①] 然而由于我国对医院的准入存在各种各样的行政管制，导致民营资本进入医疗服务行业时遇到极高的进入壁垒。而正是政府的行政垄断，使得我国公立医院拥有了绝对的行政垄断地位。

表 4-2 2005—2016 年我国公立医院数量情况

指标 \ 年份	2005	2006	2007	2008	2009	2010
医院总数（个）	18703	19246	19852	19712	20291	20918
公立医院（个）	15483	15141	14900	14309	14051	13850
公立医院占医院总数的比重（%）	82.78	78.67	75.06	72.59	69.25	66.21
指标 \ 年份	2011	2012	2013	2014	2015	2016
医院总数（个）	21979	23170	24709	25860	27587	29140
公立医院（个）	13539	13384	13396	13314	13069	12708
公立医院占医院总数的比重（%）	61.60	57.76	54.22	51.48	47.37	43.61

数据来源：中华人民共和国国家卫生和计划生育委员会. 2017 中国卫生统计年鉴 [M]. 北京：中国协和医科大学出版社，2017：10. 比重部分由作者根据数据计算得出。

（二）社会医疗保险的定点合作制度

目前我国社会医疗保险定点医院几乎都集中在公立医院，参保人员只有在定点医院就医才能享受医疗保险的报销政策。由于我国社会医疗保险覆盖面广，参保人数多，因此公立医院成为人们就医的首选（见表4-3和表4-4），从数据上来看，2010 年我国公立医院业务收入是非公立医院收入的 11.7 倍，2011年为10.7倍，2016年为8.9倍。[②] 此外，定点医院还具有市场分割的特点。由于我国社会医疗保险采取属地管理原则，社保部门经过审查规定管辖区域内具有资格的定点医院，参保人凭医保卡到指定的几家医院就医，可以按照规定报销医药费，否则不予报销。这一行政管制进一步加强了公立医院的行政垄断地位。

---

① 朱恒鹏 . 医疗体制弊端与药品价格扭曲［J］. 北京：中国社会科学，2007（4）：89–103.

② 中华人民共和国国家卫生和计划生育委员会 .2017 中国卫生和计划生育统计年鉴［M］. 北京：中国协和医科大学出版社，2017：98.

表 4-3　2005—2016 年各类医院诊疗人次数

（单位：万人次）

医院类型＼年份	2005 年	2006 年	2007 年	2008 年	2009 年	2010 年
公立医院	132003.0	138576.5	152650.0	164911.4	176890.1	187381.1
民营医院	6650.4	8524.8	11119.5	13255.5	15303.8	16582.2
医院类型＼年份	2011 年	2012 年	2013 年	2014 年	2015 年	2016 年
公立医院	205254.4	228866.3	245510.6	264741.6	271243.6	284771.6
民营医院	20629.3	25295.3	28667.1	32465.4	37120.5	42184.3

数据来源：中华人民共和国国家卫生和计划生育委员会.2017 中国卫生和计划生育统计年鉴［M］.北京：中国协和医科大学出版社，2017：122.

表 4-4　2005—2016 年各类医院入院人数

（单位：万人）

医院类型＼年份	2005 年	2006 年	2007 年	2008 年	2009 年	2010 年
公立医院	4900.2	5270.3	6078.7	6872.6	7809.7	8724.2
民营医院	207.8	291.9	408.5	519.4	678.4	799.5
医院类型＼年份	2011 年	2012 年	2013 年	2014 年	2015 年	2016 年
公立医院	9707.5	11331.2	12315.2	13414.8	13721.4	14750.5
民营医院	1047.3	1396.3	1692.3	1960.3	2365.4	2777.2

数据来源：中华人民共和国国家卫生和计划生育委员会.2017 中国卫生和计划生育统计年鉴［M］.北京：中国协和医科大学出版社，2017：132.

（三）公立医院对药品销售的垄断

公立医院的行政垄断权不仅在进入限制和医保定点制度上，还延伸到了药品销售领域。我们知道，我国的公立医院自 1949 年以来就兼具提供医疗服务和销售药品的双向职能。然而政府赋予公立医院的这种药品零售垄断权更加剧了公立医院的垄断性。

在市场经济体制下，药品的生产和批发行业已经发展得相当成熟，甚至有过多过滥的趋势，普通治疗药物严重供大于求，药品销售行业也竞争激烈，如果没有行政垄断，医院不可能获取药品零售的垄断地位；然而政府将药品分为处方药和非处方药两类，公立医院掌控着处方药的零售权。如此一来，公立医院就成了药品市场的双向垄断者：面对药品的生产厂家和经销商，公立医院处于买方垄断地位，而面对患者，公立医院又处于卖方垄断地位。无论相对于药品的上游企业还是下游患者，公立医院都具有绝对的话语权，而上游企业和下游患者在面对公立医院时，几乎不具备讨价还价的能力。2016年我国医药市场总规模达12620亿元，其中处方药和OTC销售额分别占85%和15%。当前处方药的销售终端主要在医院，零售药店仅占处方药市场的10%左右，因此公立医院对于药品销售拥有很强的主导权。

通过以上分析我们可以得知，医疗服务市场的自然垄断（特殊垄断性）与我国的行政垄断的双向作用使得我国公立医院的垄断地位几乎不可动摇。

第四节　需求的特点

一、医疗服务投入的边际产品非负

在经济学中，生产被描述成一种说明投入要素是如何被结合在一起制造产出的函数关系。在医疗卫生领域，健康的生产函数概括了健康状况和各种促进身体健康的因素之间的相关联系，这种关系可以被写成如下形式：①

HS（健康）=f（医疗服务投入、生活习惯、遗传、环境等）

上式中等号右端的任何一个因素提高了，左端健康水平就会得到提升，由于生活习惯、遗传、环境等因素在短期内改变不大，我们就考察一个变量即医疗服务投入带来的健康水平的提升。

我们用图4-3来加以说明。该图显示的是理论上的健康状况的一个生产函数。我们暂且不考虑测量人们健康状况的各种困难，并假设存在一个一直认同的健康状况（health status，HS）的衡量方法。健康状况在此表示为医疗服务投入的递增函数。因为生产函数表示的是在一个特定期间内投入流与产出流之间的关系，所以图4-3中投入与产出是在一定期间内衡量的，比如说一年。而在实际应用中，我们可能会用每人所经历的健康天数等来表示健康状况。

① ［美］舍曼·富兰德等.卫生经济学（第5版）［M］.王健等，译.北京：中国人民大学出版社，2010：118.

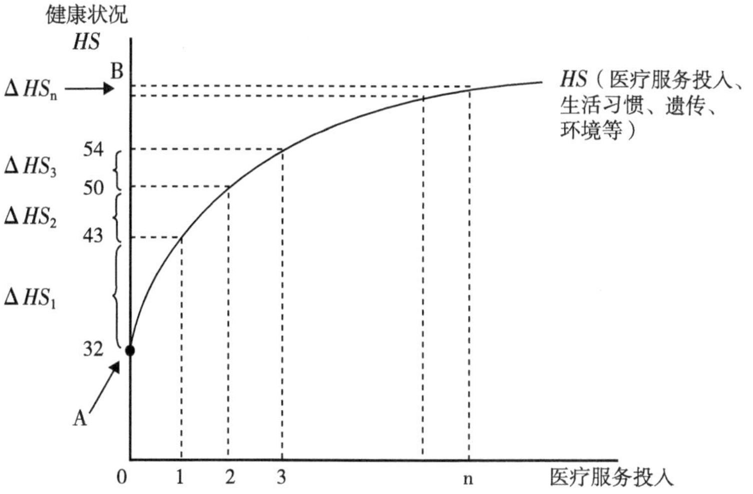

图 4–3　健康的生产函数

为了简化描述，我们将所有的健康投入化简为一个标准，即医疗服务投入。而实际上，医疗服务投入是由许多不同的健康投入组成的，包括由内科、骨科医生所提供的医疗服务以及其他医疗服务领域从业人员所提供的医疗服务。从概念上说，医疗服务投入可以被视为以货币衡量的各种健康投入的总和。

医疗服务投入的边际贡献是它的边际产出，表示在所有其他投入固定不变的条件下，一个额外单位的医疗服务投入所产生的健康的增加。如图 4–3 所示，医疗服务投入从 0 增加到 1 个单位，表示健康状况增加了 ΔHS_1，即第一个单位医疗服务投入的边际产出。从数字上说，第一个单位的医疗服务投入将引起健康状况指数从 32 增加到 43，即 $\Delta HS_1=11$ 健康状况单位。第二个单位的医疗服务投入产生的边际产出为 $\Delta HS_2=7$，如图所示依此类推。这些边际产出在规模上的递减说明了边际报酬递减定律。如果一个社会共使用了 n 个单位的医疗服务投入，那么医疗服务投入的总贡献就是这 n 个单位中的每个单位的边际产出之和。如图 4–3 所示，总贡献 AB 的数值很大，但第 n 个单位的医疗服务投入的边际产出 ΔHS_n 却很小。实际上，我们几乎就处于“曲线的平坦部分”，边际产出如图 4–4 中的曲线所示。

我们将健康生产函数描绘为一条上升的曲线，它会在更高的医疗服务投入水平处转为平坦，但永远不会向下弯曲。然而，健康生产函数最终会向下弯曲吗？消费过多的医疗服务是否会损害公众的健康？至少在以下两种情况下这种顾虑在逻辑上可能是成立的。医源性疾病（即由医生引起的疾病）是许多医疗发明不可避免的副产出——例如，每个手术都存在危险。药品的组合可能存在意料之外的不良反应。当边际报酬不断递减，而医源性疾病的发病率没有下降，那么由医疗服务所产生的损害与收益的平衡有可能会成为净损害。但是在一般分析下，我们假设不存在医源性疾病和药物组合后的不良反应。

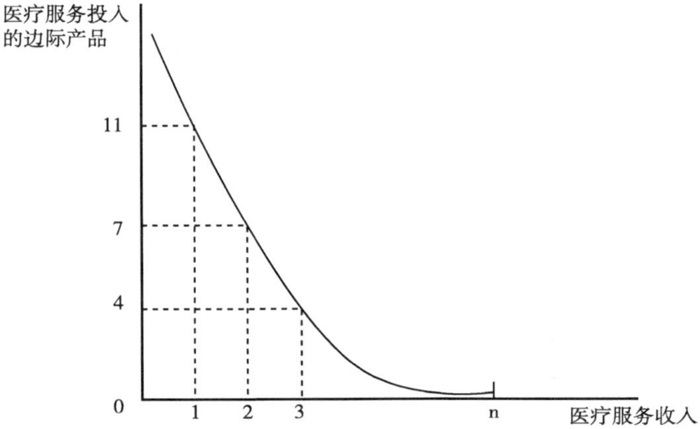

图 4-4　医疗服务的边际产品

通过以上分析我们可以得知，消费者对医疗服务的投入存在边际产品递减，但不会为负，即人们总是会认为对医疗服务的投入会带来健康的改善。

二、需求弹性

（一）需求价格弹性

医疗服务需求弹性的核心是价格弹性，国外学者对价格需求的研究始于 20 世纪 70 年代，表 4-5 展示了关于价格弹性的一部分估计值。每个例子中的独立变量都是需求量。在一些例子中，它是一个市场集合，例如，人均住院次数；在一些例子中，观察的单位是单个消费者。国外许多学者经过实证测算得到的大多数弹性值都属于缺乏弹性的范围内，即在 -1.0 ~ 0.0 之间，说明消费者虽然对价格有反应，但其反应的敏感度并不是很高。

表 4-5　国外部分研究的价格弹性估计

研究	自变量	价格弹性
总费用		
罗塞特（Rosett）、黄连福（Lien-fu Huang）（1973）	医院和医生服务费用	-1.5 ~ -0.35
曼宁等（1987）	总费用	-0.22 ~ -0.17

续表

研究	自变量	价格弹性
医生服务		
福克斯、克雷默（Kramer）（1972）	人均医生出诊	−0.20 ~ −0.15
纽豪斯、菲尔普斯（Phelps）（1976）	诊所就诊	−0.08
克伦威尔（Cromwell）、米切尔（Mitchell）（1986）	手术费用	−0.18 ~ −0.14
医院服务		
菲尔德斯坦（1971）	人均住院次数	−0.63
纽豪斯、菲尔普斯（1976）	住院时间	−0.06
曼宁等（1987）	住院次数	−0.17 ~ −0.14
家庭护理		
奇西克（Chiswick）（1976）	老人日常家庭护理	−2.40 ~ −0.69
兰伯顿（Lamberton）等（1986）	老年患者人均每天家庭护理	−0.76 ~ −0.69

20 世纪 90 年代国内学者开始了关于医疗服务价格需求的研究，最早的是陈心广（1993），他利用幂函数模型和 1993 年全国卫生调查数据，计算出我国城市和农村的基本医疗服务的需求价格弹性分别为 −0.4845 和 −0.4779。此后学者们也进行了类似的研究，包括梁维萍等（2005）、孔凡玲等（2005）、徐伟（2006）、刘丽娜等（2006），上述学者的研究结果显示，我国的医疗服务的需求价格弹性在 −0.3 ~ −0.1。

通过国内外学者对医疗服务需求的价格弹性测算我们可以得知，医疗服务需求的价格弹性很低，价格的上涨不会带来需求量的显著减少。

（二）需求收入弹性

经济理论显示，对绝大多数商品而言，收入的上升将会引发更多的购买。因而大多数商品有一个正的收入弹性，被称为正常品。那些有负的收入弹性的商品被称为劣等品。表 4–6 显示了国外学者针对某种卫生保健研究得到的收入弹性的估计值。从该表中我们可以看出，在大多数情况下，它的弹性值都比较小，这说明医疗服务一般是正常品，但其收入敏感度相对较低，缺乏弹性。

表 4–6　国外部分研究的收入弹性估计

研究	自变量	收入弹性
总费用		
西尔弗（Silver）（1970）	费用	1.2
罗塞特、黄连福（1973）	费用	0.25 ~ 0.45

续表

研究	自变量	收入弹性
医院服务		
纽豪斯、菲尔普斯（1976）	住院	0.02～0.04
牙医服务		
西尔弗（1970）	费用	2.40～3.20
安德森（Anderson）、本纳姆（Benham）（1970）	费用	0.61～0.83
医生服务		
西尔弗（1970）	费用	0.85
安德森、本纳姆（1970）	费用	0.22～0.41
福克斯、克雷默（1972）	平均就诊	0.20～0.57
纽豪斯、菲尔普斯（1976）	就诊	0.01～0.04
家庭护理		
奇西克（1976）	老年居民人口	0.60～0.90

陈心广（1993）利用幂函数模型和1993年全国卫生调查数据，计算出我国城市和农村的基本医疗服务的需求收入弹性分别为0.3252和0.1656，而国内其他学者如唐立健等（2007）、王卫忠（2008）的研究显示我国医疗服务需求的收入弹性均小于1。

收入弹性可以帮助我们定义商品是必需品还是奢侈品。当收入弹性在0到1之间时，商品为必需品，当收入弹性大于1时，商品为奢侈品。根据以上国内外的学者们对医疗服务需求的收入弹性测算得知，医疗服务属于必需品。

第五节　价格规制

由于医疗服务市场存在市场失灵，因此如果该领域完全按照市场方式运行，将会缺乏效率。为了弥补市场失灵，各国政府普遍采取对医疗服务市场进行规制的政策，特别是体现在价格规制上，我国亦是如此。我国对价格的规制分为药品价格规制和医疗服务价格规制。

一、药品价格规制

自新中国成立至20世纪80年代后期，我国对药品价格的规制具有明显的计划经济特征，即直接定价法。从1992年开始，政府尝试将市场化引入医药领域，然而在短短的4年里，药价出现了飞涨，使医疗卫生事业对公益性的偏离越来越大，于是政府不得不在1997年又重新收回对药品价格的控制权。从2000年至今，我国政府主要采取以下两种方式规制药品价格：

第一，直接定价规制。政府规定医保目录所涵盖的药品和医保目录之外的少数具有特殊性和垄断性的药品，规定最高零售价。2004年医保目录进行改版，目录中的处方药价格由国家发改委制定，非处方药由各省、自治区、直辖市政府制定。此外，政府还规定部分药品生产企业①可以单独对政府进行药品申价，实行单独定价，需要说明的是，单独定价仍然由政府规定最高零售价。

第二，政府集中招标采购。2004年9月国家发改委颁布《集中招标采购药品价格及收费管理暂行规定》，对中标药品零售价格进行了规定。对于中标药品的最高零售价，依然由政府规定，而实际零售价，可以按照中标价与流通差价率的加成来计算。中标价格低的药品，可以加成较高的流通差价率，而对于中标价格高的药品，可以加成较低的流通差价率。

政府对药品价格规制的出发点是杜绝药价虚高，确保医疗卫生事业的公益性，然而事实上，由于以下原因，导致药品价格的实际形成机制却偏离了政府对药品价格规制的初衷。其原因有二：

第一，公立医院对药品销售的垄断。当前，我国的药品生产企业已经达到数千家，其中中小企业超过三分之二，各企业竞争激烈，生产的药品雷同率高，供给严重过剩，然而面对如此众多的药品生产企业，最大的终端零售商却是医疗机构，确切来说是占绝对主导地位的公立医院。在处方药的销售环节，公立医院几乎掌握着全部零售权。

在面临买方市场的情况下，从1990年开始，众多的药品生产企业为了争夺市场份额纷纷采取“回扣”的方式进行药品推销，医院、医生和药品采购人员可以从中得到回扣的分成。因此除了药品的正常利润外，回扣部分也已经成为相关利益群体的收入来源。国家发改委在2006年出台《关于进一步整顿药品和医疗服务市场价格秩序的意见》，该政策规定各级医疗机构在销售药

---

① 原国家计委于2000年11月发布《关于单独定价药品价格制定有关问题的通知》，明确规定制药企业可以对政府定价的药品申请单独定价。其中规定，无论进口的、进口分装的还是国产的，如果国内市场上同种药品是由多家企业生产的，只要其中一家企业认为其产品的质量和有效性、安全性明显优于或治疗周期、治疗费用明显低于其他企业同种药品且不适宜按《政府定价办法》规定的一般性比价关系定价的，就可以申请单独定价。此外，拥有自主知识产权但已超出知识产权保护期的原研药，也可申请单独定价。

品时可以按照采购价加成 15% 的比率确定零售价。基于这一政策的出台，医院和医生有动力选择采购价格更高的药品，从而获得更高的合法利润，而药品生产企业为了能让现有的药品获得更高的零售价，纷纷对药品进行更改名称、更新包装等方式申请单独定价。除了这部分收益外，回扣现象依然存在。由此我国药品领域出现了与传统经济学完全相反的怪现象：买方垄断并没有使价格降低，反而使价格升高。2012 年 4 月，国务院下发通知《深化医药卫生体制改革 2012 年主要工作安排》，声明公立医院将逐步取消药品加成。中国国家卫生计生委副主任、国务院医改办主任王贺胜 2018 年 2 月 12 日在北京表示，2017 年全国所有公立医院全面推开了公立医院综合改革，全部取消药品加成，进一步推动公立医院回归公益性。可以说这是缓解医院选择高价药的一个可喜政策，然而药企与医院的联系依然存在，回扣问题可能依然存在。

第二，规制者被俘虏。斯蒂格勒（Stigler）在 1971 年发表的文章《经济规制论》中提出，规制通常不是规制机构为了增进社会福利而对企业进行的，而是规制机构为了满足企业的利益需求而产生的，该理论认为，规制机构同样是一个经济主体，也会谋取个人利益最大化。企业在被规制过程中会给予规制机构一定的好处，最终将其俘虏。①

药品不同于一般商品，药品市场存在高度的信息不对称性和垄断性。药品的特殊性决定了药品难以实现价格的充分竞争，医药市场存在着市场失灵。正是由于药品的特殊性，决定了政府必须对药品价格进行规制，减少信息的不对称性，把药品价格控制在一个合理的水平，提高药品的可支付性。虽然政府对药品价格进行规制有其必要性和重要性，但是也存在政府失灵的情况。欧洲及其他国家的经验显示，政府对药品价格规制的有效性也需要一定的条件，例如，医疗服务市场是一个成熟的、健康的市场，政府（即规制者）对信息的准确把握等。除此之外，在政府规制的过程中可能会发生寻租行为，导致社会总福利的净损失，并可能导致市场的不公平竞争。

二、医疗服务价格规制

医疗服务价格是指医院或医生对患者提供技术性服务时收费的标准。我国为了确保卫生事业的公益性，对医疗服务采取低于成本的价格规制，目的

① Stigler, G. J. The Theory of Economic Regulation [J]. Bell Journal of Economics, 1971, 2, (1): 3-21.

是为了保障贫困患者对医疗服务的可及性。

与药品价格规制不同，我国政府对医疗服务价格的规制比较稳定，始终低于成本价格。在计划经济时期，由于政府对医院的补偿实行完全财政补贴，医生的工资也是由政府保障供给，因此低于成本的医疗服务价格规制并未产生明显影响。随着对医疗卫生领域市场化的引入，政府对医院的补贴减少，但医疗服务价格低于成本价格的规制政策依然没有改变，这就使得医院的成本得不到补偿，医生的知识价值没有得到体现。

由于医疗服务是一种集知识、技术、经验于一体的特殊无形服务，因此对医疗服务的价格规制必须对知识、技术和经验进行充分的价值补偿。医疗服务行业严格的准入制度和医疗服务的特殊性，决定了对该行业从业人员在知识、技术、经验、风险、责任等方面的高要求，具体表现为以下两个方面：

第一，教育成本高。在我国，医学院的本科学制一般为 5 年，而其他专业通常为 4 年，并且医学专业的学费普遍高于其他普通专业。随着现在医院对入行医生的学历要求越来越高，医学专业的学生往往要读完硕士甚至博士才能找到工作，这期间需要投入大量的时间成本、金钱成本以及机会成本。学生毕业入行后，往往需要经过 1 年的实习才能成为住院医生，再经过 5~6 年才能有可能成为主治医生。除此之外，医学知识和技术更新换代特别快，该行业的从业人员需要一直不断地学习和培训以免被淘汰，这也需要投入大量的精力和资金成本。

第二，风险性较大。由于医疗服务事关患者的健康和生命安全，因此医生必须具有极高的责任感。由于医学本就是一本经验性科学，疾病的发病原因与表现形式千差万别，医生对于疾病的诊断与治疗只能出于知识和经验积累，因此要承担一定的技术性风险，特别是近年来医患矛盾层出不穷，医生需要承受相当大的精神压力。

然而政府对医疗服务的价格规制却没能体现医疗服务的价值。有研究对山东省 17 所公立医院进行调研后发现医疗服务的价格远低于平均成本。其中简单医疗服务和非侵入性手术的价格与平均成本之比远小于 1，其中挂号为 0.16，血糖检查为 0.2，阑尾切除手术为 0.48，正常分娩为 0.3。孟庆跃、郑振玉（2003）认为我国政府对医疗服务价格的规制导致对医疗服务价格的扭曲，医疗服务的价值不能得到充分补偿和体现。

与医疗服务的规制价格过低相对应的是，政府对一些高新技术医疗服务项目的价格设置大大超出平均成本。在2000年对山东医院的调研中，CT检查和X光项目的价格成本比分别是1.64和1.43。由于医疗服务的价值不能得到充分补偿，因此医院和医生为了补偿成本损失和追求利益，利用与患者之间的信息不对称有选择地使用医疗服务项目。对于价格低于成本的项目减少供给，而对于利润空间大的项目增加供给。如此选择的结果是高新技术项目替代了一般服务项目，增加了患者的医疗费用。

由此可见，我国政府试图通过降低医疗服务价格的方式来保障贫困患者对医疗服务的可及性，却得到了相反的结果。原因在于不合理的价格规制与体制弊端，对医院和医生造成了扭曲的激励。

第六节　小结

经过本章对医疗服务市场的经济学分析可知，医疗服务市场相对于完善的竞争市场存在着很大的偏离，导致了医疗卫生资源不能得到最优配置，存在市场失灵。

医疗服务市场的特殊性主要存在以下几个方面：

第一，医疗服务不同于一般商品，不仅具有公共物品的外部性特征，还具有不可选择性、不可逆性和不确定性。

第二，信息不对称。信息不对称是医疗服务市场最大的特点，信息不对称不仅存在医生与患者之间，还存在于医生、患者和保险机构三方之间。

第三，垄断性的市场结构。由于准入制度的存在，医疗服务市场具有自然垄断性，然而又由于信息不对称，医疗服务市场的垄断不同于一般垄断竞争，呈现出一种相反的特殊垄断性，在我国，行政管制的存在，更加巩固了公立医院的垄断地位。

第四，需求的特点。消费者对于医疗服务的需求随着投入的增加呈现总量递增、边际递减但非负的特点，而在需求弹性方面，价格弹性的不敏感反映出随着价格的变化，消费者对医疗服务的需求变动很小，收入弹性的不敏感反映出医疗服务是正常品，而且是必需品。

第五，价格规制。政府对公立医院处方药销售权的规制导致了“回扣”现象与“高价药驱逐廉价药”现象的并存，产生药价虚高，对医疗服务的价格规制导致医生的价值不能得到充分补偿和体现，医生选择少投入技术性服务，而增加对利润空间更大的高新技术项目的供给。

第五章　我国社会医疗保险费用不合理上升的原因分析

本书认为，我国社会医疗保险费用的不合理上升主要由两方面的因素造成，分别是历史性、制度性的因素和医疗服务中的信息不对称导致的道德风险。两者相辅相成，形成了我国医疗保险费用不合理上升的现状。

第一节　我国社会医疗保险费用不合理上升的历史性、制度性因素

在本书看来，历史性、制度性因素是医疗服务不合理上升的背景与前提，为医疗保险费用的增长提供了制度空间，并且是增长动力的基础。具体来看，本书认为，这方面包括三个因素：公立医院的改革历程与补偿机制的演变、我国医疗服务价格体系的演变、医生的绩效机制。这三方面不是互相孤立的，而是相互联系的。公立医院的改革历程与补偿方式的演变是医疗服务价格体系变化与医生绩效机制形成的基础，而医疗服务价格体系变化与医生绩效机制形成是公立医院的改革历程与补偿方式的演变的外在表现。

一、中国公立医院的改革历程与补偿机制演变

我国公立医院的改革历程与公立医院的补偿机制是密切相关的，或者说公立医院的补偿机制是改革历程的结果。从总体上来说，我国公立医院改革历程主要包括以下四个阶段：1949 年新中国成立至十一届三中全会召开；1979 年至 1996 年公立医院的企业化管理阶段；1997 年至 2008 年的公立医院市场化改革阶段；2009 年以后重新向公益性转变阶段。

（一）1949—1978 年——公立医院服务政府管理

从 1949 年至 1978 年，中国实行计划经济，中国的医院也是在计划的管理下运行的。鉴于公立医院的功能以公共管理和公共筹资为特征，在此期间

公立医院的规制政策可以定义为关于医疗服务的公共提供、公共管理和公共筹资的政策。通过这些政策，中国制度性地取得了医疗服务低成本运行的好处，同时也使广大医务人员充满了时代奉献精神。然而，计划经济下的这种制度并不能长久有效地维持整个卫生体系的运行。到20世纪70年代后期，大型公立医院技术陈旧、运行费用不足等问题暴露出来，而且愈发严重。另外，政府对医疗资源控制困难，尤其表现在公费医疗（政府保险体系）和劳保医疗（工人劳动保险体系）两项制度上。这两项制度引起了政府的高度担忧。与此同时，计划经济的低效率造成的公立医院效率低下和医疗资源的浪费使政府财政不堪重负。

20世纪50年代，公立医院的筹资渠道主要来自政府的常规预算，具体包括固定资产投资、医疗服务提供和设备常规运行成本的补贴、医生和其他卫生从业者的工资。从六七十年代起，医院采用了按照服务项目收费的方式，并实行政府指令价格。

总体来说，在计划经济时代，公立医院运用行政管理手段，管理公共卫生服务，并且对医疗服务实行名义价格。通过公费医疗保险体系、劳动保险体系以及中央地方各级财政对医院运行成本进行补偿，筹资政策形成封闭的资金运行循环，医务人员的工资相对固定。

（二）1979—1996年——公立医院改革企业化管理

早在1978年年初，卫生部在南昌召开会议，在会议上开始对公立医院的改革开始“预热”，并且明确提出了将对公立医院实行经济管理。但是在1978年，并没有对这种模式进行推动。

当时，中国的改革开放才刚刚开始，农村的家庭联产承包责任制风起云涌，但是在城市中却是相对安静的。

1979年1月，当时的卫生部部长钱信忠在接受媒体采访时提出，“运用经济手段管理卫生事业”。

由此开始正式推动公立医院管理模式由计划向经济管理的改革。

1979年4月28日，卫生部、财政部和国家劳动总局联合发出了《关于加强医院经济管理试点工作的意见》。该《意见》提出，运用经济手段管理医院的业务活动和财务收支，国家对医院的经费补助准备实行“全额管理、定额补助，结余留用”的制度，对完成任务好、成绩优异的单位和个人给予精神鼓励和适当的物质鼓励。在当时这是一种新的管理模式的探索，并没有在当时将这种新的管理模式大面积铺开，《意见》最后强调，试点的面不要太宽，各省、市、自治区可以在省（市）、地、县级医院和不同类型医院中各选择1~2所医院试点。

在“文化大革命”期间，个体医生、私营医疗机构被冠以“走资派”的头衔，被迫停业。1980年，国务院批准并转发了卫生部《关于允许个体医生开业行医问题的请示报告》，提出个体医生与私营医疗机构是应当受到保护的，同意他们继续从事医疗事业，这一举措打破了公立医院在卫生领域的垄断局面。

1985年4月25日，国务院批转《关于卫生工作改革若干政策问题的报告》，提出了发展全民所有制卫生医疗机构的方针，扩大全民所有制卫生医疗机构的自主权，积极发展集体卫生机构，支持个体开业行医等意见。另外，对公立医院过低的医疗收费提出了改革意见，主要是放活，使医疗机构有利可得。

随着市场化的改革，取得了一定的成绩，但是一些问题也暴露出来，主要有以下几个方面：首先，政府对卫生的投入逐年下降，严重不足，从国家统计局的数据来看，政府投入占卫生总费用的比例从1980年至1990年下降了三成，1990年政府投入资金占卫生总费用不足25%。其次，在农村，随着家庭联产承包责任制的铺开，农村在经济上的自主性大大加强，政府的干预程度降低，与此同时政府对农村医疗卫生事业的“干预”程度也大大降低，严重影响到了广大农民的身体健康。另外，农村合作医疗由于少了政府的关注与支持，没有了政策上的指导、行政上的规定、经费上的支持，农村合作医疗迅速崩溃。最后，医疗卫生机构的价值取向发生了变化。由于过分强调经济管理以及政府财政支持越来越少，很多的医疗机构和卫生从业人员为了个人利益不择手段，卫生服务的公益性被淡化。

1989年1月15日，国务院批准并转发了《关于扩大医疗卫生服务有关问题的意见》。该《意见》提出，随着我国经济的发展，人民对医疗卫生服务的需求不断增长，使卫生医疗机构面临着供给不足的压力，形成了鲜明的供求矛盾。《意见》提出：要推行各种形式的承包责任制，医疗机构可以根据有关规定自行管理、自主经营、资助支配财务收支；允许医疗机构从事有偿业余服务，所得资金由医疗机构自行分配；允许医疗机构提供不同档次的医疗服务，并收取不同的费用；医疗卫生机构所负责的其他业务如卫生检验等工作所得的有偿服务，全部留给医疗单位，用于改善本单位的工作条件和工作人员的生活待遇；允许医疗机构从事为医疗卫生工作服务的第三产业或小型工副业，独立核算、自负盈亏。

1992 年 9 月 23 日，卫生部发布《关于卫生改革的几点意见》，进一步推进医疗服务的市场化进程，该《意见》中提出，加强经营开发，支持有条件的单位办成经济实体或实行企业化管理，做到自主经营、自负盈亏；对不需要经费补贴的单位可以用人放开、自定编制；允许试行“一院两制”或“一院多制”的经营模式和分配方式；允许试办股份制医疗卫生机构等。

围绕着医疗服务走市场的路，还是延续以往以政府主导的路，整个社会展开了热烈的讨论，即使在国家卫生部内部，也有完全不同的声音。如时任卫生部医政司司长的迟宝兰在 1992 年提出，医院要进一步加强“以工助医”，进一步向市场靠拢；而时任卫生部副部长的殷大奎则在 1993 年 5 月明确表示医疗服务不能市场化，这使这场争论进入白热化。

公立医院改革市场化管理，刺激医院将成本转嫁到公费医疗和劳保医疗两个支付体系上。这种成本的转移最终侵袭了公费医疗保险体系和劳动保险体系赖以生存的经济基础，并且在一定程度上导致了 20 世纪 90 年代初期这两个体系运行的半瘫痪状态。

在这一时期，在有计划的商品经济框架内，受经济体制改革，尤其是国有企业改革的启发与推动，卫生体制改革在管理体制、运行机制以及分配制度、补偿机制等较广泛的领域展开，取得一些成绩。对于卫生事业性质的认识，则从“社会福利事业”转到“有公益性的社会福利事业”。这一提法上的变化，体现人们认识上的变化，即作为公益事业，应当是“谁受益，谁出钱”，从而改变了医疗卫生事业的发展全部由国家包下来的做法，提倡国家、集体、个人和各社会团体多方筹资办医疗卫生事业。这既是在理论上对上一个阶段改革思路的肯定，又为下一个阶段改革奠定了基础。

（三）1997—2008 年——公立医院改革市场化

1997 年《关于卫生改革与发展的决定》出台，明确了我国新时期医改的方针政策。卫生部门意识到：通过引入私营部门可以改善服务质量；将公共事业和非公共事业分离可以改善公共支出，即公共卫生事业可以改善贫困人口服务的可及性，同时私营部门可以提高保健质量、扩大保健选择。以上是1997年改革的重要观点。

相比1980年以后的卫生改革，1997年卫生改革政策结构性强、目的明确，组织严密，医院形成了一个以市场为基础的医疗部门：政府对医院的预算逐渐减少，随之政府在医疗领域的管理权也减弱，医院成为一个高度自治的部门。这样，医院提供服务的生产要素价格基本由市场产生，医院的发展能力取决于医院的政策适应能力。从制度上来说，医生收入的多少主要取决于其提供的服务，购买方和服务的分开彻底打破了医院传统的筹资方式，医生的职业道德商业化，过去的利他服务精神也随之消失。

2000年2月，国务院公布《关于城镇医疗卫生体制改革的指导意见》，主要措施是：扩大基本医疗保险制度覆盖面，并逐步开始取代旧有的公费医疗和劳保医疗制度；卫生行政部门转变职能，政事分开，逐步实施全行业管理，实行医疗机构分类管理；公立医疗机构内部引入竞争机制，放开管制，将医疗机构分为营利性和非营利性两类，根据其性质、功能的不同，制定实施相应的财税、价格政策，使社会上的各种医疗机构面向市场，规范运营；改革药品流通体制，加强监管，实行医药分家。同年，宿迁以出售公立医院开始进行卫生改革。2003年，该市最大的公立医院宿迁市人民医院成为民营医院后，宿迁成为全国仅有的全面民营医疗机构的地级市。

2003年“非典”疫情的爆发，我国开始重新思考医疗卫生体系的定位和道路。

2005年，国务院发展研究中心与世界卫生组织合作的研究报告《中国医疗卫生体制改革》发布，报告认为：“目前中国的医疗卫生体制改革基本上是不成功的。”报告指出，当前的一些改革思路和做法，都存在很大问题，其消极后果主要表现为，医疗服务的公平性下降和卫生投入的宏观效率低下。报告还说，现在医疗卫生体制出现商业化、市场化的倾向是完全错误的，违背了医疗卫生事业的基本规律。此外，城镇医疗保险制度本身存在明显缺陷，发展前景不容乐观。

2008年，时任卫生部部长陈竺在十届全国人大常委会第三十一次会议上的发言，使医疗改革进程再度进入公众视野。

2008年9月10日，国务院常务会议审议并原则通过了《关于深化医药卫生体制改革的意见（征求意见稿）》，并决定向社会征求意见。新医改是否能够解决“看病难、看病贵”等难题，成为当时人们在奥运会以后最关心的问题之一。

（四）2009 年以后——公立医院改革公益化

2009 年，国务院常务会议审议并原则通过了《关于深化医药卫生体制改革的意见》和《2009－2011 年深化医药卫生体制改革实施方案》。

《关于深化医药卫生体制改革的意见》提出：“建立规范的公立医院运行机制。公立医院要遵循公益性质和社会效益原则，坚持以病人为中心，优化服务流程，规范用药、检查和医疗行为。深化运行机制改革，建立和完善医院法人治理结构，明确所有者和管理者的责权，形成决策、执行、监督相互制衡，有责任、有激励、有约束、有竞争、有活力的机制。推进医药分开，积极探索多种有效方式逐步改革以药补医机制。通过实行药品购销差别加价、设立药事服务费等多种方式逐步改革或取消药品加成政策，同时采取适当调整医疗服务价格、增加政府投入、改革支付方式等措施完善公立医院补偿机制。进一步完善财务、会计管理制度，严格预算管理，加强财务监管和运行监督。地方可结合本地实际，对有条件的医院开展‘核定收支、以收抵支、超收上缴、差额补助、奖惩分明’等多种管理办法的试点。改革人事制度，完善分配激励机制，推行聘用制度和岗位管理制度，严格工资总额管理，实行以服务质量及岗位工作量为主的综合绩效考核和岗位绩效工资制度，有效调动医务人员的积极性。”并在卫生投入机制上提出：“建立政府主导的多元卫生投入机制。明确政府、社会与个人的卫生投入责任。确立政府在提供公共卫生和基本医疗服务中的主导地位。公共卫生服务主要通过政府筹资，向城乡居民均等化提供。基本医疗服务由政府、社会和个人三方合理分担费用。特需医疗服务由个人直接付费或通过商业健康保险支付。建立和完善政府卫生投入机制。中央政府和地方政府都要增加对卫生的投入，并兼顾供方和需方。逐步提高政府卫生投入占卫生总费用的比重，使居民个人基本医疗卫生费用负担有效减轻；政府卫生投入增长幅度要高于经常性财政支出的增长幅度，使政府卫生投入占经常性财政支出的比重逐步提高。”

2009 年 3 月 18 日，《医药卫生体制改革近期重点实施方案（2009—2011 年）》提出：“推进公立医院补偿机制改革。逐步将公立医院补偿由服务收费、药品加成收入和财政补助三个渠道改为服务收费和财政补助两个渠道。政府负责公立医院基本建设和大型设备购置、重点学科发展、符合国家规定的离退休人员费用和政策性亏损补偿等，对公立医院承担的公共卫生任务给予专项补助，保障政府指定的紧急救治、援外、支农、支边等公共服务经费，对中医院（民族医院）、传染病医院、职业病防治医院、精神病医院、妇产医院和儿童医院等在投入政策上予以倾斜。严格控制公立医院建设规模、标准和贷款行为。推进医药分开，逐步取消药品加成，不得接受药品折扣。医院由此减少的收入或形成的亏损通过增设药事服务费、调整部分技术服务收费标准和增加政府投入等途径解决。药事服务费纳入基本医疗保险报销范围。积极探索医药分开的多种有效途径。适当提高医疗技术服务价格，降低药品、医用耗材和大型设备检查价格。定期开展医疗服务成本测算，科学考评医疗服务效率。"

2010 年 2 月 23 日，卫生部、中央编办、国家发展改革委、财政部和人力资源社会保障部等五部委联合发布《关于公立医院改革试点的指导意见》。该《意见》提出："坚持公立医院的公益性质，把维护人民健康权益放在第一位，实行政事分开、管办分开、医药分开、营利性和非营利性分开，推进体制机制创新，调动医务人员积极性，提高公立医院运行效率，努力让群众看好病……改革公立医院运行机制。深化公立医院人事制度和收入分配制度改革，改进公立医院经济运行和财务管理制度。"另外，《意见》选定了 16 个城市作为国家联系指导的公立医院改革试点地区。

2012 年 3 月 14 日，国务院印发《"十二五"期间深化医药卫生体制改革规划暨实施方案》。该《方案》对"十二五"期间公立医院的补偿机制等方面的改革提出了详细而具体的要求，提出："以破除'以药补医'机制为关键环节，推进医药分开，逐步取消药品加成政策，将公立医院补偿由服务收费、药品加成收入和财政补助三个渠道改为服务收费和财政补助两个渠道。医院的药品和高值医用耗材实行集中采购。政府投资购置的公立医院大型设备按扣除折旧后的成本制定检查价格，贷款或集资购买的大型设备原则上由政府回购，回购有困难的限期降低检查价格。医疗机构检验对社会开放，检查设备和技术人员应当符合法定要求或具备法定资格，实现检查结果互认。由于上述改革减少的合理收入或形成的亏损，通过调整医疗技术服务价格、增加政府投入等途径补偿。提高诊疗费、手术费、护理费收费标准，体现医疗服务合理成本和医务人员技术劳务价值。医疗技术服务收费按规定纳入医保支付范围。增加的政府投入由中央财政给予一定补助，地方财政要按实际情况调整支出结构，切实加大投入。”

2015 年 5 月 17 日，国务院办公厅发布《关于城市公立医院综合改革试点的指导意见》（以下简称《意见》）。《意见》指出：“破除公立医院逐利机制，落实政府的领导责任、保障责任、管理责任、监督责任，充分发挥市场机制作用，建立起维护公益性、调动积极性、保障可持续的运行新机制；构建起布局合理、分工协作的医疗服务体系和分级诊疗就医格局，有效缓解群众看病难、看病贵问题……落实公立医院自主权，完善公立医院法人治理结构和治理机制，落实公立医院人事管理、内部分配、运营管理等自主权……建立以公益性为导向的考核评价机制。卫生计生行政部门或专门的公立医院管理机构制定绩效评价指标体系，突出功能定位、职责履行、费用控制、运行绩效、财务管理、成本控制和社会满意度等考核指标，定期组织公立医院绩效考核以及院长年度和任期目标责任考核，考核结果向社会公开，并与医院财政补助、医保支付、工资总额以及院长薪酬、任免、奖惩等挂钩，建立激励约束机制。”

2017 年 4 月 19 日，国家卫生计生委、财政部、中央编办、国家发展改革委、人力资源社会保障部、国家中医药局和国务院医改办等七部委联合发布《关于全面推开公立医院综合改革工作的通知》（以下简称《通知》）。《通知》提出：“全面推开公立医院综合改革，所有公立医院全部取消药品加成（中药饮片除外）……巩固取消药品加成成果，进一步健全公立医院维护公益性、调动积极性、保障可持续的运行新机制和科学合理的补偿机制。到 2017 年底，前 4 批试点城市公立医院占比（不含中药饮片）总体下降到 30% 左右；百元医疗收入（不含药品收入）中消耗的卫生材料降到 20 元以下；实行按病种收付费的病种不少于 100 个；预约转诊占公立医院门诊就诊量的比例要提高到 20% 以上；区域内所有二级及以上公立医院和 80% 以上的基层医疗卫生机构与区域人口健康信息平台对接；60% 的基层医疗卫生机构与上级医院建立远程医疗信息系统。”

通过对我国公立医院的改革历程的梳理，我们可以发现，在医疗服务主要由公立医院提供的中国，公立医院在国家行政力量的调控下，其提供的医疗服务先后经历了公益性、市场性（去公益性）、向公益性回归等三个阶段。但是本书认为，这并不是“回头路”，而是由于我国改革开放和经济体制改革所决定的、必然要经历的一个过程。计划经济时代的公益性与当前的向公益性的回归，无论从哪一方面来说，都有很大的区别。最大的不同之处在于有了“经济底气”。向公益性回归，意味着利益的重新分割。但是，在市场化的阶段所形成的医疗服务市场的利益结构，会在相当长的一段时间内影响着医疗服务体系，这也就决定了我国当前的医药卫生体制改革将是一个长时间的过程。

二、我国医疗服务价格体系的演变

众所周知，费用等于价格与数量的乘积。所以医疗服务的价格体系对于医疗服务费用具有直接而且重要的影响。我国医疗服务价格体系，直接体现在医院对医疗服务的供应方面。我国医疗服务的主要提供者是公立医院，公立医院又受到国家行政力量的干预，所以医疗服务的价格体系在很大程度上要受到行政力量的干预。同时，在我国医药卫生体制改革的过程中，尤其是十一届三中全会以后随着医疗服务市场化的进程，又有了新的特点。所以对我国医疗服务价格体系的演变进行分析，是非常必要的。这并不是对公立医院改革与补偿机制的一种重复，而是对问题的进一步分析。

（一）1949—1977 年计划经济时期指令性价格为主的医疗服务价格体系

从 1949 年至 1977 年，中国的医院具有浓重的计划经济特色，这一时期的医疗服务价格也以指令性价格为主。

从 1949 年到 20 世纪 50 年代前期，政府和集体所办的医院是非营利性的，总体上来说是低于成本价格运行，国家对其差额进行全额补贴。20 世纪 50 年代，公立医院的筹资渠道主要来自于政府的常规预算，具体包括固定资产投资、医疗服务提供和设备常规运行的成本的补贴、医生和其他卫生从业者的工资。从六七十年代起，医院采用了按照服务项目收费的方式，并实行政府指令价格。

从 20 世纪 50 年代后期开始，国家对医疗机构的定位过于偏向于公益性。从 20 世纪 50 年代后期到 70 年代初期近 20 年的时间内，国家对医疗服务的价格进行了三次大规模的调整。这三次调整以后，医疗服务的价格远远地低于其成本，但是政府对医疗机构的补贴却没有随着医疗服务价格的降低而增加，使得许多医疗机构长期处于亏损运行的状态，入不敷出。

受到这种医疗价格体系的影响，到 20 世纪 70 年代后期，运行费用不足等问题普遍暴露出来，而且愈发严重。医院本身的发展如医务人员的技术培训、医疗设备的更新维护、医疗条件的改善等，也受到了很大的经济阻碍。

（二）1978—1996 年向市场经济转变时期指令性定价与自主定价并存的医疗服务价格体系

在这一时期，医疗服务价格开始还是由政府定价，但是随着医改的进行、医疗卫生行业的发展，登记备案的调价方式开始出现。医疗卫生机构也在相当范围内获得了自主定价权。

我国的医药卫生体制在 1978 年开始进行摸索式改革。

1978 年初卫生部在南昌的会议上明确提出将对公立医院实行经济管理，这也是正式推动公立医院的管理模式由计划向经济管理的改革起点。

1979 年 4 月 28 日，卫生部、财政部和国家劳动总局联合发出了《关于加强医院经济管理试点工作的意见》（以下简称《意见》）。《意见》提出，运用经济手段管理医院的业务活动和财务收支，国家对医院的经费补助准备实行“全额管理、定额补助，结余留用”的制度，对完成任务好、成绩优异的单位和个人给予精神鼓励和适当的物质鼓励。

1980 年，国务院批准并转发了卫生部《关于允许个体医生开业行医问题的请示报告》（以下简称《报告》），《报告》提出个体医生与私营医疗机构是应当受到保护的，同意他们继续从事医疗事业，这一举措打破了公立医院在卫生领域的垄断局面。

1985 年 4 月 25 日，国务院批转《关于卫生工作改革若干政策问题的报告》（以下简称《报告》），拉开了我国医改的大幕。《报告》提出了发展全民所有制卫生医疗机构的方针，扩大全民所有制卫生医疗机构的自主权，积极发展集体卫生机构，支持个体开业行医等意见。另外，对公立医院过低的医疗收费提出了改革意见，主要是放活，使医疗机构有利可得。

随着市场化的改革，取得了一定的成绩，但是这个时期医改的问题也暴露出来。较严重的问题有以下几个方面：首先，政府对卫生的投入逐年下降，严重不足；其次，政府对农村医疗卫生事业的投入减少，农村合作医疗迅速崩溃；第三，医疗卫生机构的价值取向发生了变化，卫生服务的公益性被淡化。

1989 年 1 月 15 日，国务院批准并转发了《关于扩大医疗卫生服务有关问题的意见》(以下简称《意见》)。《意见》提出要推行各种形式的承包责任制，医疗机构可以根据有关规定自行管理、自主经营、自主支配财务收支；允许医疗机构从事有偿服务，所得资金由医疗自购自行分配；允许医疗机构提供不同档次的医疗服务，并收取不同的费用；医疗卫生机构所负责的其他业务如卫生检验等工作所得的有偿服务，全部留给医疗单位，用于改善本单位的工作条件和工作人员的生活待遇；允许医疗机构从事为医疗卫生工作服务的第三产业或小型工副业，独立核算、自负盈亏。

1992 年 9 月 23 日，卫生部发布《关于卫生改革的几点意见》(以下简称《意见》)，进一步推进医疗服务的市场化进程，如《意见》中提出，加强经营开发，支持有条件的单位办成经济实体或实行企业化管理，做到自主经营、自负盈亏；对不需要经费补贴的单位可以用人放开、自定编制；允许试行“一院两制”或“一院多制”的经营模式和分配方式；允许试办股份制医疗卫生机构；等等。

总体上来说，这一时期是我国医疗卫生服务行业公益性淡化的一个时期，取得了一定的成绩，但是也造成了严重的社会问题。在这期间，由于过于强调市场、自负盈亏以及国家财政投入的相对减少，医疗机构为了避免长期亏损经营的局面，与以前相比拥有较大的医疗服务自主定价权。医疗服务价格体系呈现出指令性定价与自主定价并存的局面。

(三) 1997—2008 年市场经济体制下进一步市场化的医疗服务价格体系

1997 年 1 月 15 日，《中共中央、国务院关于卫生改革与发展的决定》(以下简称《决定》)出台，明确了我国新时期医改的方针政策。《决定》提出：采取多种形式，多渠道筹集卫生资金。完善政府对卫生服务价格的管理。要区别卫生服务性质，实行不同的作价原则。基本医疗服务按照扣除财政经常性补助的成本定价，非基本医疗服务按照略高于成本定价，供自愿选择的特需服务价格放宽。不同级别的医疗机构收费标准要适当拉开，引导患者合理分流。建立能适应物价变动的卫生服务价格调整机制及有效的管理和监督制度。适当下放卫生服务价格管理权限。

与 1980 年以后的卫生体制改革相比，1997 年的卫生改革使医院形成了一个以市场为基础的医疗部门：政府对医院的预算逐渐减少，随之政府在医疗领域的管理权也减弱，医院成为一个高度自治的部门。这样，医院提供服务的生产要素价格基本由市场产生，医院的发展能力取决于医院的政策适应能力。

2000 年 2 月国务院公布《关于城镇医疗卫生体制改革的指导意见》(以下简称《意见》)，该《意见》提出，公立医疗机构内部引入竞争机制，放开管制，将医疗机构分为营利性和非营利性两类，根据其性质、功能的不同，制定实施相应的财税、价格政策，使社会上的各种医疗机构面向市场，规范运营；改革药品流通体制，加强监管，实行医药分家。《意见》指出了医疗服务价格调整的方向。

2000 年，《关于印发全国医疗服务价格项目规范（试行）的通知》(以下简称《通知》)发布，明确要求各省确定医疗服务项目的规范与标准。《通知》规定，从 2002 年 1 月 1 日起，医疗机构都必须按照《通知》规定的医疗服务内容和价格项目名称来提供医疗服务和收取医疗服务费用。这是“医疗服务价格”概念首次正式提出。

2005 年，国务院发展研究中心与世界卫生组织合作的研究报告《中国医疗卫生体制改革》发布，报告认为：“目前中国的医疗卫生体制改革基本上是不成功的。”报告指出，当前的一些改革思路和做法，都存在很大问题，其消极后果主要表现为，医疗服务的公平性下降和卫生投入的宏观效率低下。报告还说，现在医疗卫生体制出现商业化、市场化的倾向是完全错误的，违背了医疗卫生事业的基本规律。此外，城镇医疗保险制度本身存在明显缺陷，发展前景不容乐观。

这一时期，“以药养医”成为医疗机构的主要来源，绝大多数医疗机构的收入指标都分配到各个科室，责任到人；国家的投入没有相对增加，医疗服务价格出现了一浪高过一浪地上涨。

（四）2009 年以后新医改时期重新开始重视公益性的医疗服务价格体系

2009 年 3 月 17 日，《中共中央、国务院关于深化医药卫生体制改革的意见》(以下简称《意见》)发布。该《意见》指出：“建立科学合理的医药价格形成机制。规范医疗服务价格管理。对非营利性医疗机构提供的基本医疗服务，实行政府指导价，其余由医疗机构自主定价……改革药品价格形成机制。合理调整政府定价范围，改进定价方法，提高透明度，利用价格杠杆鼓励企业自主创新，促进国家基本药物的生产和使用……对亿元销售药品开展差别加价、收取药事服务费等试点，引导亿元合理用药，加强医用耗材及植（介）入类医疗器械流通和使用环节价格的控制和管理。”

2009 年 3 月 18 日,《医药卫生体制改革近期重点实施方案 (2009—2011 年)》提出:“推进医药分开，逐步取消药品加成，不得接受药品折扣。医院由此减少的收入或形成的亏损通过增设药事服务费、调整部分技术服务收费标准和增加政府投入等途径解决。药事服务费纳入基本医疗保险报销范围。积极探索医药分开的多种有效途径。适当提高医疗技术服务价格，降低药品、医用耗材和大型设备检查价格。定期开展医疗服务成本测算，科学考评医疗服务效率。公立医院提供特需服务的比例不超过全部医疗服务的 10%。鼓励各地探索建立医疗服务定价由利益相关方参与协商的机制。”

2010 年 2 月 23 日，卫生部、中央编办、国家发展改革委、财政部和人力资源社会保障部等五部门联合发布《关于公立医院改革试点的指导意见》(以下简称《意见》)。《意见》提出:“推进医药分开，改革以药补医机制，逐步将公立医院补偿由服务收费、药品加成收入和政府补助三个渠道改为服务收费和政府补助两个渠道……合理调整医药价格，逐步取消药品加成政策。在成本核算的基础上，合理确定医疗技术服务价格，降低药品和大型医用设备检查治疗价格，加强医用耗材的价格管理。逐步取消药品加成政策，对公立医院由此而减少的合理收入，采取增设药事服务费、调整部分技术服务收费标准等措施，通过医疗保障基金支付和增加政府投入等途径予以补偿。”

2012 年 3 月 14 日，国务院印发《“十二五”期间深化医药卫生体制改革规划暨实施方案》(以下简称《方案》)。《方案》提出:“以破除‘以药补医’机制为关键环节，推进医药分开，逐步取消药品加成政策，将公立医院补偿由服务收费、药品加成收入和财政补助三个渠道改为服务收费和财政补助两个渠道……加强对费用增长速度较快疾病诊疗行为的重点监控，控制公立医院提供非基本医疗服务。价格主管部门要加强医疗服务收费和药品价格监督检查。”

2015 年 5 月 17 日，国务院办公厅发布《关于城市公立医院综合改革试点的指导意见》(以下简称《意见》)。《意见》指出:“在保证公立医院良性运行、医保基金可承受、群众整体负担不增加的前提下，试点城市要在 2015 年制定出台公立医院医疗服务价格改革方案。经科学测算，在降低药品、医用耗材费用和取消药品加成的同时，降低大型医用设备检查治疗价格，合理调整提升体现医务人员技术劳务价值的医疗服务价格，特别是诊疗、手术、护理、床位、中医等服务项目价格。改革价格形成机制，逐步减少按项目定价的医疗服务项目数量，积极探索按病种、按服务单元定价。逐步理顺不同级别医疗机构间和医疗服务项目的比价关系，建立以成本和收入结构变化为基础的价格动态调整机制。”

2015 年 11 月 6 日，国家卫生计生委、国家发展改革委、财政部、人力资源社会保障部和国家中医药管理局制定的《关于控制公立医院医疗费用不合理增长的若干意见》（以下简称《意见》）发布。该《意见》提出：“将控制公立医院医疗费用不合理增长作为深化医改的重要目标和任务，统筹谋划，综合施策，强化规范医疗、完善医保、改革医药等政策联动，推动实现医疗费用增长与经济社会发展、医保基金运行和群众承受能力相协调，切实维护人民群众健康权益，促进医药卫生事业健康发展。坚持总量控制、结构调整，控制医疗费用总量增长速度，合理调整医疗服务价格，降低药品和耗材费用占比，优化公立医院收支结构，实现良性运行。”

考虑到政策实施的时滞性以及具体政策没有出台，医疗服务价格机制深受历史原因的影响。医疗服务价格体系与公立医院补偿体系相互作用的结果，给了医院充分的动力去运用各种手段诱导需求，提高医疗费用。而随着我国社会医疗保险覆盖面的迅速扩大，在给百姓带来实惠的同时，也使被保险者有了过度医疗的动机。

三、医生的绩效机制

医院的补偿机制与医疗服务的价格体系，是医生绩效机制形成的基础。

在我国计划经济体制下，公立医院 50% 以上的收入来自政府预算。医护人员的工资和医疗服务价格低于成本，政府全额补贴医院，因此形成财政压力。从 20 世纪 80 年代开始，政府通过对公立医院进行改革，逐步降低对医院的财政投入，到 20 世纪 90 年代末政府补贴比重仅占医院收入的 6%。

同时政府在对医院的价格补偿方面实行双轨制：一方面要求医院以低于实际成本的价格为公众提供基本医疗服务；另一方面允许医院通过抬高某些服务（例如，采用高技术的诊疗手段）的价格来弥补上述损失，并且允许医院对药品收入的 15%~20% 进行提成。这就形成了“以药养医”的复合补偿模式，即财政差额补助加上业务经营收入，其中以经营收入为主。尽管当前已经全面取消了药品加成，然而药企与医院的联系依然存在，回扣问题可能依然存在。并且由于医疗服务价格抬高，现在已经出现了医生诱导患者多做检查的现象。

该制度的目的是减轻财政负担，但它忽略了医院激励机制的变化。由于用药利益与医院经济利益一致，而医生的个人收入又与为医院创造的经济收入直接相关，所以这个制度意味着可以通过医生的诱导需求而达到增加个人收入的目的。为了自身利益最大化，医生通常都会让病人做过度的昂贵的医疗诊断，并且开大处方，职业道德商业化，淡化了奉献精神。

第二节　医疗服务中的道德风险

医方、患者、支付方之间信息不对称是导致道德风险形成基础，具体包括医方的诱导需求、患者的过度需求和医患合谋需求。

一、道德风险理论

道德风险的前提是信息不对称，道德风险是信息不对称状态下的一种常见行为，是从事经济活动的人在最大限度增进自身效益时做出不利于他人的行为。

关于道德风险，亚当·斯密（Adam Smith）早在 18 世纪时就有相关的论述，他说，作为别人的财产管理者的董事，并不会全心全意去对待财富，因为那并不是自己的。

20 世纪 70—80 年代是有关道德风险研究的高潮，这一时期产生很多优秀的研究成果，例如斯蒂格利茨（1977）、菲尔德斯坦（1973）、罗斯（Ross. S.）（1973）都做出了重要的贡献。

至于道德风险的来源，诺贝尔经济学奖获得者威廉姆森（Williamson）认为，是机会主义倾向。机会主义倾向，在某种程度上说，是对经济人假设的补充和具体化。换言之，追求自身利益最大化的经济人不仅能够调整自己的行为来实现这一目标，而且能够在适当的条件下通过损害他人来增进自己的利益。尽管机会主义倾向只是一种追求自身利益的动机，但是事实上这种动机是非常强烈且又十分复杂的。一个理性人可能会根据情况的变化，利用人们认识能力的局限性，尽可能有效率地使用信息，有策略地发布或搜集信息，从而增加了道德风险发生的概率。而这种风险在交易之前是难以知晓且无法规避的，因此处于信息劣势一方的利益有可能在交易中受损。

尽管机会主义与道德风险紧密相关，但是机会主义倾向与道德风险还是相互区别的。机会主义倾向可以分为事前机会主义和事后机会主义，而所谓的道德风险只是事后的机会主义而已。事前机会主义行为通常被称为“逆向选择”（Adverse Selection），即在信息不对称的状态下，契约中的一方在达成契约前利用拥有的私人信息和对方信息缺乏的事实而损害对方，使市场交易的过程偏离信息缺乏者愿望的情况。相比较而言，事后机会主义则是在契约签订之后一方利用信息优势不履约或不认真履约的行为。

道德风险的第二个来源是保险的存在。如果没有保险，社会成员个体不得不承担所有的可能发生的风险；如果存在保险，那么他们就可以通过购买对这种风险的保险来避免风险。但是一旦获得了保险，投保人就会放松对风险的警惕，也不再努力降低风险。即便保险不是完全的，人们的行为也会因为保险存在而发生变化。

信息不对称是道德风险产生的前提。信息优势分为“隐蔽行动”和“隐蔽信息”，前者是指有一方能够使自己的行为不被对方观察到，或者是对方必须付出高昂的成本才能观察到；而后者则是指有一方拥有的信息能够决定他所采取的行为是否是恰当的（特别是对于对方），但是这些信息却恰恰无法为对方所观察到。

二、国内外关于医疗保险市场的研究

阿罗（1963）认为，医疗服务市场普遍存在着风险和不确定性，风险承担的不可销售性和信息的不完全导致医疗服务市场失灵。在需求方面，人们对医疗服务的需求是不规则、不可预测的；而在供给方面，医生由于占有绝对的信息优势常常会发生道德风险行为，比如诱导需求和价格歧视，医生之间几乎不存在公开的价格竞争，而且治疗效果也无法被他人所证实。

波利（1968）认为，医疗保险会受到医疗服务需方道德风险的影响。他指出，在医疗保险中常常会发生个体的道德风险，进而会导致医疗保险费用不合理增长，造成资源浪费。

埃文斯（l974）指出，医生与患者之间存在着显著的信息不对称，医生会对患者进行诱导需求。“诱导需求”概念的解释一般有两种，第一种解释为医生为患者提供医疗服务的目的是出于个人利益最大化，而非患者利益最大化，第二种解释是如果医患之间不存在信息不对称，即患者完全掌握医生所掌握的信息，那么他就不会接受医生提供的医疗方案和医疗数量。无论是哪一种解释，医生与患者之间的供与求都会产生真实意义上的偏差。

马丁・费尔德斯坦（1976）认为在医疗保险领域普遍存在道德风险，而且还会产生一定的福利损失。此外，费尔德斯坦和弗里德曼（1976）、弗里德曼和多德（1976）、曼宁和马奎斯（1982）也就道德风险与福利损失之间的关系进行了类似的实证研究，这些研究估算了道德风险带来损失的数值。除此之外，研究还发现当人们购买保险后遭受了经济损失，人们可以通过保险赔付得到一定的收益，然而，与这个收益相比，保险中存在的道德风险所造成的福利的损失会更多。

斯宾塞、泽克霍瑟（1971）将医疗市场中的合同关系视为委托代理关系，并将可能发生的道德风险分为两种，第一种是事前道德风险，第二种是事后道德风险。保险机构在设计最优保险合同时，为了尽可能减少不必要的损失，往往会将两种道德风险联合考虑。

斯塔尔（1982）指出，自 20 世纪初期以来，随着医疗技术的进步和发展，许多新型医疗仪器和检查方式得到广泛应用，医生可以凭借这些工具对患者进行检查和诊断，以更进一步了解患者的真实情况，然而这就会造成医患之间更严重的信息不对称。一方面，患者因为医疗专业知识的缺乏而受到医生的诱导，对医疗效果更是难以有效评估，另一方面，医生还可以凭借新技术得到患者更全面的信息，造成医生滥用其信息的优势，进而进一步诱导患者过度医疗。

斯塔诺（Stano）（1987）对医生的诱导需求行为做了理论分析，他指出医生的诱导需求存在成本，而且报酬是递减的。而且诱导需求的目标不同，诱导需求受到的限制条件也不同。如果医生的目标是追求个人利益最大化，那么诱导需求的约束条件是成本的增加和利润的减少，如果医生的目标是追求个人效用最大化，那么诱导需求的约束条件是心理成本增加造成的负面效用。

格鲁伯、欧文斯 (1996) 研究了美国 1970 年到 1982 年之间，生育率下降与医生诱导需求之间的问题。研究结果显示，美国的生育率在这 12 年间下降了约 13.5%，而且该数值的下降与医生选择剖腹产率的上升有明显的相关性。他通过对数据做回归分析得到结论：生育率每下降 10%，剖腹产率提高 0.97%。同时研究结果还证实妇产科医生选择剖腹产替代自然生产与其个人收入明显相关。

芬克尔斯坦是近年来卫生经济学领域内著名的实证型学者，通过实证研究，她得出结论：公共干预可以增加社会福利，例如可以带来医疗方面的创新，也可能会造成社会福利的损失，例如会产生私人长期医疗保险市场的“挤出效应”。因此，政府必须要对所要实施的卫生政策进行动态与静态的全面评估，对医疗保险制度进行积极创新。

从 20 世纪 90 年代以来，随着我国医疗保险的发展和医疗体制改革的逐步深入，医疗保险中的道德风险问题逐步凸显，国内学者对这个问题的研究也随之展开。

李珍（1998）认为，医疗服务市场的特殊性主要包括：第一，需求刚性。其次，医疗服务市场中供给决定需求。第三，信息不对称。医患双方都有各自的信息优势，但是医生的信息优势更明显，可以凭借自己的信息优势决定患者的医疗服务的种类和数量。医疗服务市场供求的特殊性是产生道德风险的主要原因。

郑功成（1998）认为，由于医疗服务市场的特殊性，一般的商品市场理论是不能照搬来分析它的。医疗服务市场的供求关系的特点以及需求刚性，决定了市场经济中的价值规律和供求规律在对医疗服务市场进行解释时的局限性。医疗保险费用面临的道德风险问题主要来自于医疗服务的供方，因此在费用控制方面，应当从利益分配以及计划调控方面着手。

胡苏云（2000）认为，医疗保险中的道德风险分为事前道德风险和事后道德风险，并提出，事后道德风险是医疗保险道德风险中主要问题，原因在于：第一，社会医疗保险的强制性和广泛性特点决定了事前道德风险不会广泛发生；第二，参保人参与对社会医疗保险基金的消费行为事后才能广泛发生。作者分析，医疗保险事后道德风险会在两个方面影响医疗保险：医疗保险价格上涨和医疗服务需求减少。

赵小苏等（2001）认为，城镇职工基本医疗保险中道德风险的主要原因在于：制度不完善、保障水平过高、保障面狭窄、医保资金易于流失等。针对以上产生道德风险的原因，作者提出应建立补充医疗保险体系，该体系具体有以下特点：保障水平低、覆盖面更广等。

郑秉文（2002）提出，医疗保险市场道德风险产生的原因是信息不对称。由于社会医疗保险所具有的国家强制性、广泛性的特点，逆向选择的问题会在很大程度上得到抑制。但是第三方支付的存在使得道德风险问题难以得到有效解决。

赵曼（2002）认为，医疗保险道德风险的控制应主要从医疗服务的供方入手，她提出具体的控制方法：第一，建立声誉机制以及声誉评价体系；2、改革医生的绩效机制，如赋予医生剩余索取权，通过激励约束道德风险。

王塑峰（2007）提出，医疗保险不合理的偿付体制导致了医生不合理的绩效机制，形成了医疗服务供方的诱导需求。因此，对快速增长的医疗费用进行控制，就必须抑制医疗服务供方的诱导需求，也就是要对不合理的医疗保险偿付体制进行改革，抑制道德风险。

陈翔、王小丽（2010）认为，医疗服务市场天然存在的信息不对称等原因，为医疗服务供方的诱导需求提供了存在条件，结合第三方支付制度，造成了医疗费用不合理上升、社会医疗保险基金风险加剧等问题。针对以上情况，作者提出了防范医疗保险市场道德风险的政策建议：第一，运用合理的成本分担机制；第二，推行合理的医疗保险基金支付方式；第三，加强监管。

郭有德（2011）认为，医疗保险中的道德风险主要有两种表现形式：第一，事前道德风险，该风险会扭曲疾病发生的概率；第二，在疾病发生以后，人们倾向于选择大城市、大型综合性医院就医，在医疗服务和药品的选择上往往以价格高作为质量评价的标准，这种心理因素导致了医疗保险费用的增长；第三，不合理的医生的绩效机制使得医生有诱导需求的动机。

秦雪征、洪波（2012）认为，为了防范广泛存在的道德风险，政府的不恰当措施却导致我国在医疗保险体制上出现了诸如门诊负担沉重、报销水平偏低、医疗成本控制过严和医疗保险基金挪用等严重问题，并提出政府应在放宽对参保人和医疗机构限制的基础上，通过构建合理的激励与监督机制来健全基本医疗保险体系。

黄枫、甘犁（2012）认为，传统医保制度存在严重的道德风险问题，改革后医疗保险实际门诊自付比例提高，一定程度上控制了医疗服务需方的道德风险，抑制了不合理的医疗支出。从医疗资源配置的效率方面来看，医保改革强化了医疗消费自我责任，抑制了医疗资源浪费，挤出了不必要的过度需求。

孙翠勇（2013）认为，在医疗保险的运行过程中，各个经济主题在维护自身利益的同时，必然会产生道德风险，这种行为产生的外部效用是负值。道德风险的成因主要有以下几个方面：信息不对称、疾病治疗效果的不确定和第三方支付制度，其中医疗市场中天然存在的信息不对称因素是道德风险产生的核心原因。

刘军强等（2015）提出，在医方垄断信息优势、患者因医保而对价格敏感度下降的情况下，医患之间的“共谋”使得医疗保险费用支出不合理增加。

彭晓博、秦雪征（2015）认为，医疗保险导致被保险人降低其在出险前防范疾病风险的投入，提高了不健康行为的倾向。

汪国华、张成杨（2015）提出，社会医疗保险制度下各主体的行为发生异化，彼此之间的契约关系面临危机，参保患者趋高就医，医疗机构诱导消费，医疗费用支付方式缺乏约束力，致使道德风险频发。

谢明明、王美娇、熊先军（2016）的研究否认医疗服务中事前道德风险的存在，并提出在医疗支出占家庭收入的比例低于40%时，事后道德风险显著促进医疗保险费用的支出，高于40%时没有道德风险问题。

袁艳霞（2016）的实证结果证明，医患双方在医疗保险第三方偿付模式下，都有过度医疗机会主义行为。

三、医疗保险中的三类道德风险分析

（一）医疗服务供方的道德风险——诱导需求

所谓医疗服务供方的道德风险，是指医疗服务供方在一定的医疗体制的背景下，利用其所具备的在医疗服务中的信息优势，使医疗服务需方接受超过合理数量的医疗服务而谋取自身利益的行为。

不完全信息，是医疗服务行业最大的特点之一。在医疗服务市场上，供方所拥有的专业知识，是需方所不具备的。由于医疗卫生知识的普及是一个漫长的过程，即便能够让大众了解一般性的医疗知识，由于医疗服务的生产专业性强且风险很高，绝大多数医疗服务的消费者对自身疾病以及专业医疗知识的认识程度依然会十分有限，因此，客观上形成了医疗服务供方与需方之间的信息不对称。

医疗服务的需方应该使用哪些医疗服务在很大程度上取决于供方的选择，而需方很难对医生建议的诊断或治疗方法做出有效判断。所以医疗服务供方完全可以利用这种绝对的信息优势，向需方提供过多的、不必须进行的医疗服务，从而为自己谋取更高的利益。如在我国当前的医疗体制下，国家对医疗卫生事业的投入不能满足医疗卫生事业发展的需要，作为医疗服务的供方，为了自己的发展和工作人员的福利，便会向需方提供过多的、不必须进行的医疗服务，谋取利益，造成医疗费用的增长和社会资源的浪费。

医疗服务供方利用自己的信息优势，为了自己的经济利益诱导需方消费过多的医疗服务，即诱导需求。

1. 关于医疗服务供方诱导需求概念的解释

尽管存在很多关于供方诱导需求的研究，但是对于供方诱导需求的定义在一定程度上还是存在分歧的。其中，被最广泛引用的是福克斯（1978）所提出的医疗服务供方诱导需求概念。福克斯将供方诱导需求定义为，医疗服务的供方向患者所提供的医疗服务，并不是供方所能提供的、对患者的健康状况最符合的医疗服务时，就会产生供方诱导需求。

麦圭尔（2000）也提出了非常类似的定义，即如果医生对病人需求的影响与医生对病人利益的最优解释相抵触，那么就存在医生的供方诱导需求行为。这二者都是从医疗服务需方的角度来进行定义的。

这两种定义有着非常明显的共同点，即无论诱导需求的具体行为如何，都是源于供方追求己方私利的动机。

也有学者从不完全信息的角度来定义供方诱导需求。在这方面最具有代表性的是赖斯所提出的定义。赖斯认为，供方诱导需求是指，在医疗服务的供方向需方所提供的服务中，存在需方所具有的信息和供方相同时，所不会选择的医疗服务，定义为供方诱导需求。

还有学者从医疗服务供方的行为来定义供方诱导需求。弗兰士（Frech）（1996）将诱导需求定义为：随着医疗服务市场中的医生数量的增加，具有欺骗性的或者说不合理的医疗服务建议就会增加，最终使得医疗服务的需求增加。

唐纳森（Donaldson）等（1993）认为供方诱导需求是医生利用自己的信息优势向患者所提供的，在医疗服务需方也就是患者处于信息劣势地位时才会出现的需求。他的定义与赖斯的定义基本一致。

值得注意的是这几种定义还是存在很大区别的。福克斯、麦圭尔和赖斯的定义是对供方诱导需求从不同侧面进行的定义，涵盖的范围也最为广泛。而弗兰士的定义所包含的范围则较为狭窄。

具体而言，诱导需求体现在两个方面。一是医生供给增加不是供方诱导需求的唯一原因。事实上，即便医生的存量保持不变，医生的牟利性动机或自我保护性动机也可以促使其采用诱导需求行为。二是医生的行为中那些与患者最佳利益相抵触的部分不一定都是出于谋利动机，也可能是出于自我保护的动机。

供方诱导需求是供方行为的结果，但是供方的动机却有可能是不同的，可能是为了增加供方的收入，也有可能是供方为了免除自己在医疗服务中的责任。既然是一种行为结果，并且是供方可以控制的，那么在实践中是否采取这种行为以及采取这种行为的程度都是供方可控的。因此研究供方采取这种行为时所面临的激励和约束，对理解供方诱导需求，防止或减弱这种非正当的行为都是有益的。

本书认为，用委托代理理论可以对诱导需求进行更为清楚地表述。由上面的分析我们已经知道，在医疗服务市场中，医疗服务的供方和需方之间的信息是不对称的，供方处于绝对的信息优势地位，而需方则缺乏信息处于劣势地位。需方由于信息的缺乏不能做出最有利于自己的医疗决策，在实际生活中，基本上是不能做出任何决策的。既然自己没有信息进行决策，又没有能够替代医疗服务且需方能够拥有完全信息的商品，所以，医疗服务的需方就只能将决策的权利交予拥有完全信息的医疗服务的供方，这就形成了委托代理关系。这种委托代理关系并不是典型意义上的委托代理关系，而是基于医疗服务市场信息特点的委托代理关系，其中医疗服务的需方为委托人，而供方则为代理人。

医疗服务本身的特点决定了医疗服务的结果并不是仅仅受医疗服务供方的影响，其他的因素如患者的体质、年龄、生活习惯、疾病的特点等，也都会对效果产生影响。但是这些并不是患者能够区分的。所以需方并不能完全根据医疗服务的结果来判断医疗服务供方是否为他提供了最恰到好处的医疗服务。

在这个委托代理关系中，需方所认为的最优方案应该是用最少的费用来得到最佳的疗效。但是对于供方来说，则是获得最大的利益，也就是最大化医疗费用与医疗成本之差。所以双方的目的是不一致的。由于医疗服务市场的不完全信息以及其他因素，如患者的体质、年龄、生活习惯、疾病的特点等，需方无法对供方的行为进行准确的评价，即便供方在医疗服务过程中掺杂了机会主义行为，这些行为也很难被发现。

可见，对供方诱导需求进行有效制约存在很多困难，供方通过诱导需方创造额外的需求来实现收入和利润增长的行为也就推动了医疗费用的不合理增长。

值得注意的是，尽管通常意义上的供方诱导需求体现为医疗服务供方诱导需方消费更多的医疗服务，但是这种行为并不是供方诱导需求的全部。供方诱导需求的核心就在于供方谋求己方利益的行为与需方的利益发生冲突。在不同的情况下，这种行为表现可能也是不同的。例如，医生的自卫性医疗服务。所谓的自卫性医疗服务则是指医疗服务供方为了减少医疗事故，最大限度地减少由于医疗纠纷带来的经济方面以及声誉方面的负面效应，而对需方带来的过多的医疗服务的行为。

除此之外，一些制度设计方面的因素也提高了供方诱导需求出现的可能。如我国之前实行以药养医的医疗服务价格补偿机制，即允许医院将药品收入的 15% ~20% 进行提成。这种制度设计使得在医疗服务的一线形成了医生的绩效机制，更加容易造成供方诱导需求行为。

综上所述，本书中对医疗服务领域的供方诱导需求采取如下定义：医疗服务领域内的供方诱导需求，就是医疗服务的供方利用所掌握的信息优势，在医疗服务的过程中，为实现自身利益最大化而采取的与需方最优利益不符的一类行为。

2. 关于医疗服务供方诱导需求的分析

如图 5-1 所示，当前描述医疗服务市场道德风险行为，通常用一个简单的图形描述：

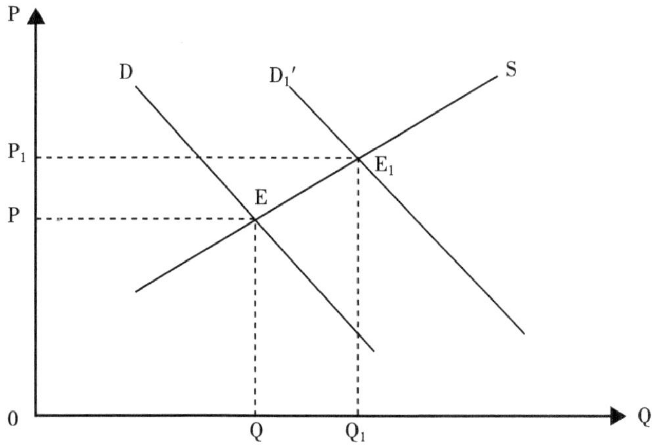

图 5-1　供方道德风险引起医疗服务市场均衡的变动

在图 5-1 中，纵轴表示医疗服务的价格，横轴表示医疗服务的数量。D 表示医疗服务的需求曲线，S 表示医疗服务的供给曲线，两者相较于初始均衡点 E，均衡的医疗服务价格为 P，均衡的医疗服务交易量为 Q。这个时候，医疗服务供方的总收入为 PEQ0。

在医疗服务市场中，医疗服务的供方和需方之间的信息是不对称的，供方处于绝对的信息优势地位，而需方则缺乏信息处于劣势地位。缺乏必要信息的需方由于信息的缺乏不能做出有利于自己的医疗决策，在实际生活中，基本上是不能做出任何决策的。既然自己没有信息进行决策，而又没有能够替代医疗服务且需方能够拥有完全信息的商品，所以，医疗服务的需方就只能将决策的权利交予拥有信息优势的医疗服务供方。

当医疗服务的供方利用自己所具有的信息优势而进行道德风险行为，也就是诱导需方消费更多的医疗服务的时候，按照经济学的基本原理，会导致需求曲线外移，均衡交易量和均衡价格都较原来提高。从图上来看就是，需求曲线便移动到 E_1，均衡价格变为 P_1，均衡交易量变化为 Q_1，医疗服务供方的总收入为 $P_1E_1Q_10$。

但是本书认为，这种运用新古典框架下的需求供给模型并不能准确对我国医疗服务市场的现状进行描述，原因在于，当前我国对于医疗服务的价格和药物的价格是控制的，在一定时期来看是相对稳定的。需方所面临的是一条相对平的供给曲线，如图 5-2 所示：

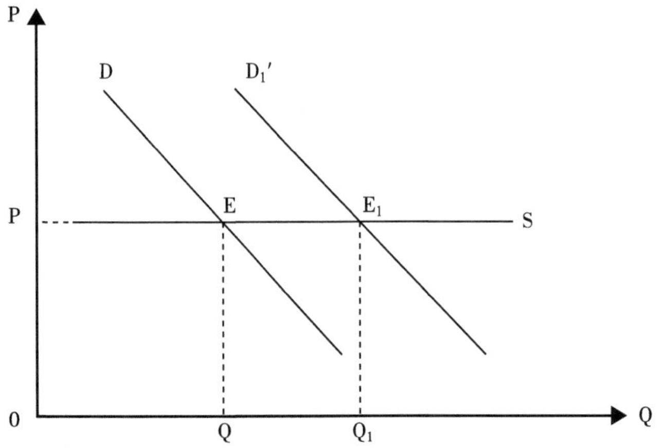

图 5-2　供方道德风险引起医疗服务市场均衡的变动（价格规制）

在图 5-2 中，纵轴表示医疗服务的价格，横轴表示医疗服务的数量。D 表示医疗服务的需求曲线，S 表示医疗服务的供给曲线，两者相交于初始均衡点 E，均衡的医疗服务价格为 P，均衡的医疗服务交易量为 Q。这个时候，医疗服务供方的总收入为 PEQ0。

当医疗服务的供方利用自己所具有的信息优势而进行道德风险行为，也就是诱导需方消费更多的医疗服务的时候，按照经济学的基本原理，会导致需求曲线外移。由于我国对于医疗服务的价格和药物的价格是控制的，在一定时期来看是相对稳定的。在医疗服务市场中，医疗服务的供方和需方之间的信息是不对称的，供方处于绝对的信息优势地位，而需方则缺乏信息处于劣势地位。缺乏必要信息的需方由于信息的缺乏不能做出最有利于自己的医疗决策。在实际生活中，基本上不能做出有效决策。既然自己没有信息进行决策，而又没有能够替代医疗服务且需方能够拥有完全信息的商品，因此，医疗服务的需方就只能将决策的权利交予拥有完全信息的医疗服务的供方。需方只能听从供方的意见。信息上的绝对优势形成了诱导需求。

这样，需求曲线便移动到 E_1，均衡交易量变化为 Q_1，医疗服务供方的总收入为 PE_1Q_10，医院的总收入的增加值为 EE_1Q_1Q。

（二）需方的道德风险

对于医疗服务需方而言，在获得效用的同时，必须支付成本。从这一点上来看，医疗服务与其他产品并无不同。

但是，世界上大多数国家都对本国居民实行了强制性医疗保险或者是政府保障。在这样的保障体系中，需方通常不是按照供方标示的价格支付医疗费用的，而是由保险公司或医疗保障机构等第三方进行支付。尽管通过保险这种方式可以使疾病发生的风险在社会成员内部分担，但是医疗保险的支付方式同时也使得需方对医疗服务价格的敏感度下降。在较为极端的情况下，如免费医疗制度，需方消费医疗服务的边际成本甚至为零。所以，需方实际上选择的消费数量将是医疗服务边际效用为零的数量，而不是边际效用等于边际成本的数量。

由于需方并不是根据自己的实际需求选择消费的，所以这些消费中有一部分是过度的，是一种需方的道德风险。即便现实中实行了费用分摊的制度，需方支付的医疗服务价格也远远小于其市场价格，因此需方会根据实际支付的净价格，即个人负担费用的部分，来决定医疗服务的消费数量。而这种情况下医疗服务需求的价格弹性也要小于由需方自己支付的情况。

由于医疗费用主要是由保险机构支付，投保人无须为医疗服务付款或所付费用远低于服务的全部成本，在预算软约束和医疗保险机构难以有效监督的情况下，为了自身利益最大化，消费者的医疗需求就会大于其实际需求，这种过度的消费需求就是患者发生的道德风险。

1. 兰德健康保险实验

关于医疗服务需方道德风险的研究最著名的是美国的兰德健康保险实验（RHIE）。

由美国公共卫生署出资建立的兰德公司，从 1974 年开始，前后用 9 年的时间（1974—1982 年），进行了一项昂贵的健康保险试验，也就是现在经常会被提到的“兰德健康保险实验”，试验的结果证明了医疗保险的程度与消费者对医疗服务的需求之间的相关关系。

兰德公司的研究人员在美国 6 个不同地方（其中包括华盛顿的一个地区、马萨诸塞州的两个地区、俄亥俄州的一个地区、南卡罗来纳州的两个地区）随机选择了近 3000 个家庭，并将这些家庭随机编入不同的组。这些家庭具有不同的医疗保险费用分担：分别是免费医疗、家庭负担医疗保险费用的 25%、50%、95%、门诊自付 150 美元。此外，试验还设定了一个最高赔付限额。这些家庭还可以得到一些一次性补贴，确保没有一个家庭的福利会因为这个试验而降低。因为试验是随机指定的，逆向选择的影响可以降到最低。同时，随机指定还使得研究人员能够调查共付保险对费用总额的影响。

兰德公司的研究人员收集了不同的试验小组在 3~5 年时间内的家庭卫生保健的使用和支付情况。这个昂贵的试验对我们理解卫生保健消费者对经济激励的反应非常重要。表 5-1 总结了兰德实验的一些重要的结论。

表 5-1　兰德健康保险实验：患者负担率的变化对医疗服务使用和医疗费用支出的影响

实验计划（患者负担率）	平均使用任何医疗服务的概率 / 年	平均使用一次以上住院服务的概率 / 年	平均一年的医疗费用（1991 美元标准）
0%	86.7%	10.37%	982
25%	78.8%	8.83%	831
50%	74.3%	8.31%	884
95%	68%	7.75%	679
个人起付线	72.6%	9.52%	797

通过试验结果我们可以发现，共付保险对平均医疗花费的影响是非常惊人的，从一个极端到另一个极端（从几乎是完全自费的家庭负担率 95% 到免费医疗或 0 共付保险），年均医疗费用从 679 美元上升到了 982 美元，上升了 303 美元，上升幅度达到 44.63%；住院率也发生了较大的变化，从 7.75% 上升到了 10.37%。

兰德健康保险试验的结果无疑可以说明这样一个道理，在医疗保险存在的条件下，与没有医疗保险的时候相比，人们对于医疗服务的需求会增加；个人负担的医疗费用越少，对医疗服务的需求量就越高。

另外，国内学者根据国内医院的实际诊疗数据进行的实证研究也得出了类似的结论。如王锐、王玉、赵冰凡（2000）根据住院患者的资金来源不同，就多种疾病公费、自费情况进行比较分析，得出公费医疗和自费医疗的费用存在着非常大的区别的结论。考察样本的基本情况如表 5-2 所示：

表 5-2　多种疾病公费医疗和自费医疗的医疗费用和住院时长

考察样本数量	糖尿病		急性阑尾炎		胆囊炎		卵巢囊肿	
	公费	自费	公费	自费	公费	自费	公费	自费
病例数量	403	269	713	692	13	207	504	244
平均住院费用（元）	1550.06	470.55	344.26	544.09	706.94	591.30	514.76	275.80

续表

考察样本数量	糖尿病		急性阑尾炎		胆囊炎		卵巢囊肿	
	公费	自费	公费	自费	公费	自费	公费	自费
平均住院时长（天）	36.07	22.62	8.50	7.84	21.65	17.68	9.98	11.30

最后，作者得出结论：在存在医疗保险也就是在上表中所表示的公费医疗的情况下，与自费医疗相比较，一些并不必要的检查项目都进行了检查。作者在进一步的研究中发现，在作者所调查的样本中，公费医疗的病人人均检查费用几乎达到了自费病人检查费用的两倍。另外作者指出，并不仅仅是检查费用如此，药品的费用更是如此，有过之而无不及。

2. 关于医疗服务交易过程中需方（患者）的道德风险分析

如图 5–3 所示，纵轴表示医疗服务的价格，横轴表示医疗服务的量。D 表示医疗服务的需求曲线，S 表示医疗服务的供给曲线。医疗服务的价格一定，与交易量无关，此时的供给曲线与横轴呈平行关系。在患者未参加医疗保险时，患者必须自行负担全部的医疗费用。这时候，医疗服务的数量，由需求曲线和供给曲线的交叉点 E 决定，此时医疗服务的需求量为 Q。

在没有医疗保险的情况下，患者所面临的医疗服务的价格为 P，医疗服务的数量为 Q，所需要支付的医疗费用为 P×Q，也就是矩形 PEQ0 的面积。由于医疗服务的供给曲线是水平的，所以医疗服务供方的生产者剩余为 0，消费者剩余为三角形 P_0EP 的面积。

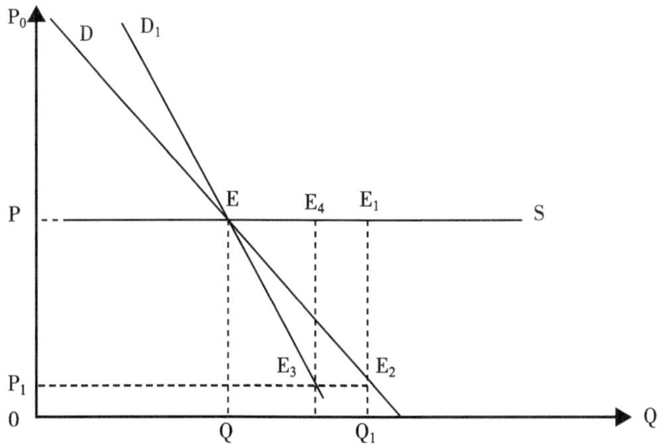

图 5–3　医疗服务交易过程中需方（患者）的道德风险

参加了医疗保险后，患者仅需负担一部分治疗费用就可以享受医疗服务的消费。由图 5-3 可见，由于医疗保险的存在，医疗服务的需方——患者实际面临的医疗服务的价格降低了，由此会导致医疗服务的需求量增加，会产生 Q_1 医疗服务需求量。原本需方即患者以 P 价格向医疗机构支付医疗服务费用，现在仅仅需要支付 P_1 即可。如图 5-3 中所示，需方的负担率为 OP_1/OP，令这一比例为 t（$0 \leqslant t \leqslant 1$），那么需方面临的医疗服务的价格即为 P_1，保险机构所面临的价格为（$P-P_1$）。

此时，实际发生的医疗费用为 $P \times Q_1$，为图 5-3 中四边形 PE_1Q_10 的面积，医疗服务需方所需要支付是费用为 $P_1 \times Q_1$，即为图 5-3 中四边形 $P_1E_2Q_10$ 的面积，而两者之间的差额（$P \times Q_1 - P_1 \times Q_1$），也就是图 5-3 中四边形 $PE_1E_2P_1$ 的面积，则需要保险机构来支付。此时，需方即患者的消费者剩余为三角形 $P_0E_2P_1$ 的面积，比没有保险的时候增加的剩余为梯形 PEE_2P_1 的面积。但是保险方在这个时候所需要支付的费用为（$P \times Q_1 - P_1 \times Q_1$），也就是图中四边形 $PE_1E_2P_1$ 的面积，这样所损失的福利为三角形 EE_1E_2 的面积，也就是社会的福利损失。也就是说与没有参加医疗保险的患者相比，有医疗保险的患者自己只需要支付少得多的医疗费用，就能够享受到相同的医疗服务，而由于对大多数患者来说，他们认为医疗服务的边际效用并不是递减的，这也就形成了医疗服务的过度需求，从而导致医疗保险基金的浪费。

医疗保险存在的情况下，医疗服务社会福利的损失与需方的需求价格弹性有密切的关系，如图 5-4 所示：

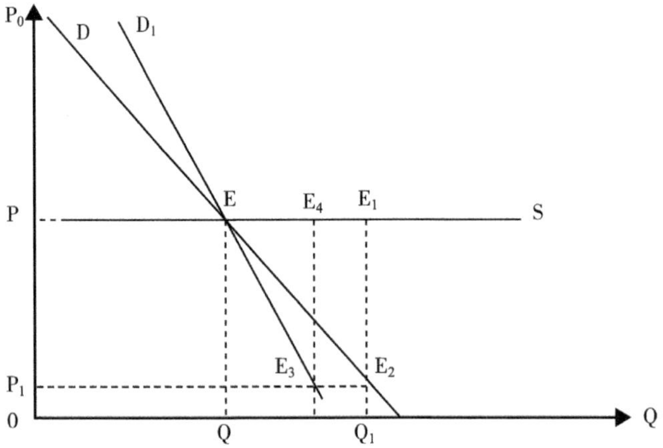

图 5-4　医疗服务需求价格弹性与社会福利损失

图 5–4 中，横轴代表医疗服务的数量，纵轴代表医疗服务的价格，图上有两条不同的需求价格弹性的需求曲线：D 和 D_1。P 代表没有医疗保险时患者需要支付的价格，P_1 代表有医疗保险的时候患者需要支付的价格。需方也就是患者的负担率为需方的负担率为（OP_1/OP）。从图中可以看出，需求曲线 D 的需求价格弹性大于需求曲线 D_1 的需求价格弹性。按照上面的分析，当需求曲线为 D 时，社会福利损失为三角形 EE_1E_2 的面积，当需求曲线为 D_1 时，社会福利的损失为三角形 EE_4E_3 的面积。从图中显然可见，三角形 EE_1E_2 的面积大于三角形 EE_4E_3 的面积，也就是说，需求曲线为 D 时的社会福利损失大于需求曲线为 D_1 时的社会福利损失，即：价格弹性越大，其社会福利损失越大。

（三）供方与需方合谋的道德风险

如果医疗保险机构没有进行有效监督或者无法进行有效的监督，医疗保险中的第三方支付制度会给医疗服务的供需双方提供合谋进行欺诈的激励，即所谓的医患合谋，是一种医疗服务供方和需方共同制造的道德风险。

通过对医疗服务的双方进行的分析，可以得出这样的结论，在当前的医疗卫生体制的条件下，作为医疗服务的供方，医院（医生）由于激励机制有动力进行诱导需求，而且凭借其信息优势也有能力对需方也就是患者进行诱导需求。从当前的现实情况来看，随着过去 20 多年的医疗卫生体制改革的进行，国家对于卫生事业的投入绝对数和相对数都在减少，医院为了自身的利益不得不通过一定的手段自己谋取利益，作为医院的发展基金和医院工作人员的福利，这也就形成了医疗服务供方进行诱导需求的现实基础。

而作为患者，由于第三方支付制度的存在和对于自己身体的具体情况的独有的信息优势，也有动力去获得更多的医疗服务，有了道德风险的可能。

由此可见，双方都有增加医疗服务的动力，而且是可行的。这也就形成了医疗服务需方和供方进行合谋的基础。

而作为医疗保险费用的支付方，医疗保险机构在医疗服务处于信息劣势，仅仅能看到的是医疗服务的结果，而且判断治疗过程是否合理是非常有难度的，从而难以进行有效的监督，而这也为医疗服务供方和需方进行合谋提供了非常宽松的外部环境。

对于双方合谋的道德风险，可以用下图来解释：

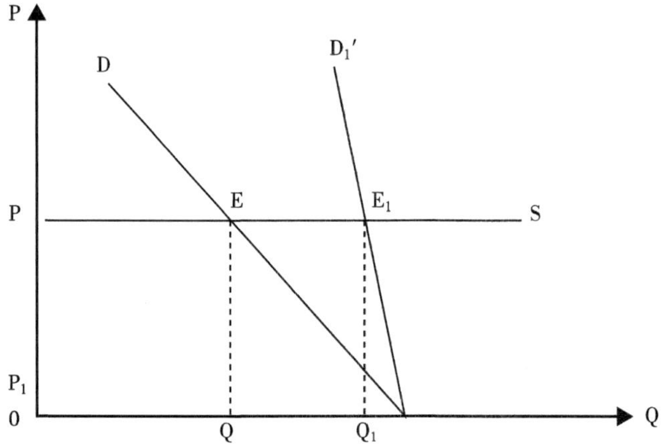

图 5-5　医患双方合谋情况分析

在没有保险的时候，医疗服务的供给曲线为 S，需求曲线为 D，两者相较于点 E，为市场达到均衡时的价格和数量，均衡价格为 P，均衡服务数量为 Q。当有保险以后，需求曲线向外移动至 D_1，此时，均衡医疗服务量为 E_1，价格保持不变。对于参保人来说，与没有保险的情况下相比，在个人同样的医疗费用支出水平下，得到了更多的医疗服务，效用提高。对于医疗服务的供方来说，收入由原来的矩形面积 PEQO 增加到 PE_1Q_1O，获得了更多的收入。如果仅仅对于医患双方来说，彼此的效用都得到了提高，因此，他们有足够的动力与理由联合起来，合谋增加消费量。而由此产生的费用的增加，则主要由保险机构承担，造成了巨大的成本，成为医疗保险费用上升的一个重要原因。

第三节　小结

在本书看来，医疗保险费用的不合理增长，总体来说有两方面的原因：一方面是历史性、制度性的因素，一方面是医疗服务市场本身的信息不对称的特点导致的道德风险。

历史性、制度性因素包括三个方面：国家对公立医院实行的改革以及公立医院的补偿机制、医疗服务的价格体系、医生的绩效机制。

道德风险也包括三个方面：需方的道德风险、供方的道德风险、医患合谋的道德风险。

第六章　国外医疗保险费用控制措施及经验借鉴

对医疗保险费用的控制是一个全球性难题，本章旨在通过对国外各个国家的医疗保险费用控制措施进行分析研究，获得能为我国参考借鉴的实践经验。尽管在制度层面国外的医疗保险制度不完全等同于我国的社会医疗保险制度，但是都属于医疗保险范畴，因此国外对医疗保险制度的改革经验可以为我国如何控制社会医疗保险费用过快上升提供借鉴和启示。

第一节　国外医疗保险费用现状及发展变化

一、国外医疗保险费用现状

从20世纪50年代开始，西方许多发达国家为了提高社会福利，开始实行大规模的医疗保障扩张政策。政策的扩张带来的直接后果是医疗保险费用的不断攀升。特别到了20世纪七八十年代，医疗保险费用增长速度超过了GDP的增长速度，各国政府财政不堪重负。与此同时，社会保障制度促使政府部门占有日益扩大的经济资源，从而挤占了私人市场经济的发展。这一时期西方国家的医疗保险费用呈现出以下一些特点：

（一）卫生总费用不断攀升

西方各个国家的卫生总费用自20世纪60年代以来不断攀升，医疗保险费用相应不断上涨。例如美国在1970年的卫生总费用是749亿美元，1980年是2534亿美元，1990年是7141亿美元，2000年达到13529亿美元，是1970年的18倍，进入21世纪以来，卫生总费用依然在不断增长，截至2008年底，美国卫生总费用已经高达23387亿美元。日本在1970—2000年的30年间卫生总费用上涨了15倍之多。与此同时，大部分国家的卫生总费用占GDP的比重也在不断增加（见表6-1）。据《2010年世界卫生统计》，2007年全球卫生总费用占全球GDP的比例已经高达9.7%。

表 6-1　1960—2007 年部分国家卫生总费用占 GDP 的比例

（单位：%）

国家	1960	1970	1980	1990	1995	2000	2007	1960—2007 年的变化
澳大利亚	4.1	5.0	7.0	7.8	8.2	8.3	8.9	4.8
奥地利	4.3	5.3	7.6	7.1	8.2	9.9	10.1	5.8
比利时	3.4	7.0	6.4	7.4	8.6	9.1	9.4	6.0
加拿大	5.4	7.0	7.1	9.0	9.2	8.8	10.1	4.7
丹麦	3.6	6.1	9.1	8.5	8.2	8.3	9.8	6.2
芬兰	3.8	5.6	6.4	7.8	7.5	7.2	8.2	4.4
法国	4.2	5.8	7.6	8.6	9.5	10.1	11.0	6.8
德国①	4.7	6.2	8.7	8.5	10.6	10.3	10.4	5.7
希腊	3.2	6.1	6.6	7.4	9.6	7.9	9.6	6.4
爱尔兰	3.7	5.1	8.4	6.1	6.2	6.3	7.6	3.9
意大利	3.3	4.8	6.8	8.0	7.4	8.1	8.7	5.4
日本	3.0	4.5	6.4	5.9	6.8	7.7	8.0	5.0
荷兰	3.9	6.9	7.5	8.0	8.4	8.0	8.9	5.0
瑞典	4.7	6.7	8.8	8.2	8.1	8.2	9.1	4.4
英国	3.9	4.5	5.6	6.0	7.0	7.0	8.4	4.5
美国	5.1	7.0	8.8	12.0	13.4	13.4	15.7	10.6

数据来源：OECD 中文官方网站（http：//www.oecdchina.org/）。

（二）政府的负担加重

节节攀升的医疗保险费用占用了大量的经济资源，给政府带来了沉重的财政压力和经济负担。西方各国家的卫生总支出占 GDP 的比重越来越大（见表 6-2），在卫生总费用中，公共支付的比例不断增加，而个人支付的比例相应减少（见表 6-3）。

表 6-2　2005—2010 年部分国家卫生总支出占 GDP 的比重

（单位：%）

国家	2005	2006	2007	2008	2009	2010
澳大利亚	8.5	8.5	8.6	8.8	9.0	8.9

① 注：德国（联邦德国，直到 1990 年）。

续表

国家	2005	2006	2007	2008	2009	2010
奥地利	10.4	10.2	10.3	10.5	11.2	11.0
比利时	10.0	9.5	9.5	9.9	10.6	10.5
加拿大	9.8	10.0	10.0	10.3	11.4	11.4
智利	6.6	6.3	6.5	7.1	7.9	7.4
捷克	6.9	6.7	6.5	6.8	8.0	7.4
丹麦	9.8	9.9	10.0	10.2	11.5	11.1
爱沙尼亚	5.0	5.0	5.2	6.1	7.0	6.3
芬兰	8.4	8.3	8.0	8.3	9.2	9.0
法国	11.0	11.0	10.9	11.0	11.7	11.7
德国	10.8	10.6	10.5	10.7	11.8	11.5
希腊	9.7	9.7	9.8	10.1	10.2	9.5
匈牙利	8.4	8.3	7.7	7.5	7.7	8.0
冰岛	9.4	9.1	9.1	9.1	9.6	9.3
爱尔兰	7.6	7.5	7.9	9.1	10.0	9.3
以色列	7.9	7.6	7.6	7.7	7.7	7.7
意大利	8.7	8.8	8.5	8.9	9.4	9.4
日本	8.2	8.2	8.2	8.6	9.5	9.6
韩国	5.6	6.1	6.4	6.6	7.1	7.3
卢森堡	7.9	7.7	7.1	7.2	8.0	7.2
墨西哥	5.9	5.7	5.8	5.8	6.4	6.2
荷兰	10.9	10.7	10.8	11.0	11.9	12.1
新西兰	8.4	8.8	8.5	9.3	10.0	10.2
挪威	9.0	8.6	8.7	8.6	9.7	9.4
波兰	6.2	6.2	6.3	6.9	7.2	7.0
葡萄牙	10.4	10.0	10.0	10.2	10.8	10.8
斯洛伐克	7.0	7.3	7.8	8.0	9.2	9.0
斯洛文尼亚	8.4	8.3	7.9	8.3	9.2	8.9
西班牙	8.3	8.4	8.5	8.9	9.6	9.6
瑞典	9.1	8.9	8.9	9.2	9.9	9.5
瑞士	10.9	10.4	10.2	10.3	11.0	10.9
英国	8.3	8.4	8.5	9.0	9.9	9.6
美国	15.8	15.9	16.2	16.6	17.7	17.7

数据来源：OECD 中文官方网站（http：//www.oecdchina.org/）。

表 6-3　2007 年部分国家卫生费用构成及政府卫生支出占比情况

（单位：%）

国家	卫生费用构成（政府部分）	卫生费用构成（个人部分）	政府卫生支出占财政支出百分比
加拿大	70.0	30.0	18.1
美国	45.5	54.5	19.5
澳大利亚	67.5	32.5	17.6
英国	81.7	18.3	15.6
法国	79.0	21.0	16.6
德国	76.9	23.1	18.2
芬兰	74.6	25.4	12.9
丹麦	84.5	15.5	16.2
巴西	41.6	58.4	5.4
墨西哥	45.4	54.6	15.5
古巴	95.5	4.5	14.5
新加坡	32.6	67.4	7.2
马来西亚	44.4	55.6	6.9
埃及	38.1	61.9	7.1
南非	41.4	58.6	10.8
俄罗斯	64.2	35.8	10.2
中国	44.7	55.3	9.9
日本	81.3	18.7	17.9
韩国	54.9	45.1	12.1
泰国	73.2	26.8	13.1
印度	26.2	73.8	3.7
越南	39.3	60.7	8.7

数据来源：世界卫生组织.2010 年世界卫生统计（http：//www.who.int/gho/publications/world_health_statistics/zh/）。

医疗保险费用的不断攀升给各国政府财政带来了沉重的负担，而要维持如此庞大的政府开支必须依靠本国国民的税收，沉重的税赋给人民也带来了经济负担，挤占了私人市场经济的发展。不仅如此，医疗服务的价格也在不断上升，远远超出同期居民消费价格指数（Consumer price index，CPI）的增幅。

二、国外医疗保险费用的发展变化

20世纪六七十年代是西方国家医疗保险费用增长速度最快的时期，主要原因在于西方国家奉行凯恩斯主义，增加政府开支，大力推行社会福利政策，加上新技术革命的出现，能源价格的低廉，各国经济实力得到加强，该时期西方各国家的医疗卫生事业得到了空前的发展。

进入20世纪70年代中后期，随着石油危机的爆发，西方国家经济发展速度开始下滑，甚至出现负增长。以政府财政为支撑的西方社会保障制度面临资金困境，许多国家认识到必须控制医疗保险费用的增长，以减少政府财政的负担。例如联邦德国在1977年通过了40多项健康保健法案以及两次医疗保险控制法，目的是控制医疗保险费用的继续上升，避免财政崩溃。法国在1983年改变了医疗保险费用的偿付机制，推出总额预算制来控制医疗保险费用的增长。

进入20世纪80年代以后，西方各国都采取了一系列措施来控制医疗保险费用的上升，并且取得了一定成效，使医疗保险费用高速上涨的势头得到一定的遏制（见表6-4），然而上涨的总趋势依然没有改变。

表6-4　1980-1998年部分国家医疗部门的年度平均复利式增长[①]　（单位：%）

组成	加拿大	法国	德国	日本	英国	美国
名义卫生支出	7.06	7.37	6.09	4.75	8.09	8.45
名义人均卫生支出	5.88	6.87	4.50	4.32	7.81	7.48
实际卫生支出	2.98	4.21	3.45	3.29	2.23	3.14
实际人均卫生支出	1.71	3.69	1.62	2.81	1.95	2.16

资料来源：OECD中文官方网站（www.oecdchina.org/）。

第二节　国外医疗保险费用控制措施及发展趋势

从20世纪70年代中后期开始，西方各发达国家开始采取各种措施对医疗保险制度进行调整，力图扭转医疗保险费用快速上升的局面。各国采取的措施多种多样，但总的来说，主要可以分为以下三种：对医疗保险费用的总

① 转换为本国货币为基础进行测量。

体控制、对医疗保险需方的控制以及对医疗保险供方的控制。

一、对医疗保险费用的总体控制

（一）筹资控制

筹资控制是从医疗保险资金总额的源头进行控制，以收定支，收支平衡，这与我国的社会医疗保险基金的收支原则相类似。筹资控制一般有两种形式：税收策略和竞争策略。

第一，税收策略。税收策略是在以税收为医疗保险资金来源的国家通过调整税收政策和税率来控制医疗保险费用的资金来源总额，当医疗保险费用增长过快时，政府会调低税率，而当医疗保险费用增长速度放缓时，政府会调高税率。采用税收策略的国家目的是通过控制增长速度来控制总费用，如果面临医疗保险费用的过快增长，政府一般会调整税收立法。然而税收策略容易面临极大的阻碍，因为法律的经常性变更和民众对高税收率的抵制往往会导致政治风险，这往往是在任领导人所不愿面对的。西方国家中以税收医疗保险为主导模式的国家主要有丹麦、芬兰、希腊、爱尔兰、意大利、挪威、葡萄牙、西班牙、瑞典和英国。①

第二，竞争策略。美国经济学家恩托文（Enthoven）（1993）通过对美国现行在职职工医疗保险制度的研究提出了“管理竞争”的理论，他认为现行的制度效率低下，不能有效控制医疗保险费用的上涨。②

恩托文指出，现行制度的缺陷在于：一，职工的医疗保险是由职工单位为其购买的，这种购买方式容易造成职工对保险的观念淡薄，难以形成医疗保险费用的节约意识。事实上，职工单位为职工购买医疗保险的保费是职工工资的一部分，如果不交保费职工的工资可以更高，但是职工在领取工资前职工单位就已经将保费部分扣除，职工难以对医疗保险的支出形成强烈的意识，甚至有免费医疗的印象，因此就难以产生节约意识，造成对医疗服务的过度消费。二，医疗保险市场未形成良性竞争。市场上的医疗保险公司之间

---

① ［美］索特曼，布赛，菲盖拉斯．社会医疗保险体制国际比较［M］．张晓，译．北京：中国劳动社会保障出版社，2009：23–24.

② Enthoven，A. C . The History And Principles Of Managed Competition［J］. Health Affairs，1993，12（Supplement 1）：24–48.

的竞争不是通过压缩成本提高质量的方式，而是通过筛选低患病率人群和排除高患病率人群的方式[①]展开。各保险公司对于这种竞争方式的选择不仅侵犯了许多人的保险选择权，还造成了市场低效。为此，恩托文提出应该通过引入竞争来扭转保险市场的低效。首先是保费总额控制，对职工单位为职工购买医疗保险的保费进行限制。如果职工要求购买更高价格的医疗保险，职工自己必须负担一定的比例，政府也会对职工单位进行征税。如此一来，职工就会对购买医疗保险的价格更加敏感，各医疗保险公司就会为了在竞争市场中吸引消费者而降低成本，以价格优势赢取更多的市场份额。其次要限制各医疗保险公司对参保人群的差异性挑选，保障人们购买医疗保险时的公平选择权。

（二）补偿控制

补偿控制是通过医疗服务价格和医疗服务数量两个方面来控制医疗服务费用的控制方式。

第一，医疗服务价格控制。在加拿大，各个省的医疗价格表是由卫生管理部门和医生联合会经过双边谈判确定的，任何一方都不能单方面决定价格。在美国已经广泛使用公开招标来对医疗保险合同进行定价，出价低者将获得合同的拥有权。对价格的单方决定可能会导致价格居高不下，多方决定的方式对价格的控制却十分有效。从加拿大的价格改革经验来看，价格的控制对于医疗保险费用增长的遏制起到了很大的作用；在美国医疗费用增长速度较慢的州，也往往归功于对医疗服务价格严格的控制。[②]

第二，医疗服务数量控制。对医疗服务数量的控制主要有改变支付方式、监督审查和对医疗服务供方的限制三种方法。

1. 改变支付方式

例如最早出现在1983年美国老年人医疗保险制度中的按病种支付，美国健康维护组织（HMO）首创的按人头支付，以及对医院实行的一定时期内的总额预付制。支付方式的改变可以有效减少医生诱导需求，降低医疗保险费用的增长速度。

然而，支付方式的改变也会带来一些弊端。例如按病种支付会造成医生

---

① Bodenheimer, T. & K. Grumbach. Paying for health care [J]. Jama, 1994, 272,（8）: 634-639.

② Hughes, J. S. How Well Has Canada Contained the Costs of Doctoring? [J]. JAMA, 1991, 265,（18）: 2347-2351.

夸大患者病情而导致资源浪费，或者在既定价格标准上降低服务质量；按人头支付常常出现医生拒接危重病人的现象；总额预付制会造成医疗服务质量的下降和医疗技术的停滞不前。

2. 监督审查

通过对医生实施医疗服务过程的监督和审查，可以有效减少医生诱导行为，控制医疗保险费用的上升。对医生实施监督审查直接的惩罚措施，就是对医生实施拒付政策。美国的医疗照顾和医疗救助使用监督审查措施已久，实践证明对控制医疗保险费用的上涨非常有效。

对医生进行监督审查的主体因支付方式的不同而不同。当实行按病种支付时，由于医院需要负担病人超出既定标准的费用，那么监督审查权就应当交给医院。当实行按人头支付时，由于未超出人头标准的费用会留在通科而非专科，那么监督审查权就应当交给通科医生。实行总额预付制时，一定时期内病人的医疗费用总额如果超出标准，必须由医院负担，那么监督审查权就应当交给医院。

3. 对医疗服务供方的限制

对供方的限制有两种方式，第一种是对数量的限制，第二种是对结构的调整。对医疗服务供方人数的限制主要是基于供方人数与诱导需求现象的产生正相关的研究结论。因此，通过对医生数量的限制，可以有效减少医疗费用的支出。对供方结构的调整主要在于控制通科医生和专科医生的结构数量。由于通科医生提供的医疗服务价格相对较低，而且工资收入也较低，因此应当增加通科医生的数量，减少专科医生的数量来达到控制医疗费用上涨的目的。

二、对医疗保险需方的控制

（一）设置医疗费用自付比例

设置医疗费用自付比例的目的就在于让患者也参与费用分担，增强患者的费用节约意识，达到控制医疗保险费用的目的。

例如，法国自 1994 年起，规定患者必须支付住院费用的 20%，实验性治疗和看牙医费用的 30%。日本自 1997 年起，将所有健康保健计划的自付比例从 10% 上升到了 20%，某些服务的自付比例甚至更高，除退休者的自付比例为20%以外，社会医疗保险的自付比例统一为30%，此外日本《国民健康保险法》还规定被保险人需要负担药费的30%。英国自2004年起规定患者要为其消费的任何牙科服务支付80%的费用，另外还要支付6.30英镑的处方费。①

合理的设置医疗费用自付比例可以有效降低患者对医疗服务的过度需求，从而达到控制医疗保险费用上涨的目的。

（二）减少医疗服务项目，提高医疗服务价格

（1）提高门诊、诊断和住院的费用标准。例如，法国1989年规定除穷人之外的居民住院日收费由20法郎提高到31法郎。

（2）减少或者取消某些免费的医疗服务项目，改为付费。例如，比利时1989年规定取消除弱视人群以外的所有成人配镜服务的补偿，丹麦1989年规定30岁以上居民牙科服务由免费改为全自费，英国在1985年取消了对正常患者和非贫困者的配镜的费用补偿，在1988年取消了视力和牙科的免费检查项目。②

（三）建立个人账户

例如，新加坡自1983年开始建立保险储蓄个人账户，用于支付门诊、住院和大病的医疗费用，个人账户的建立目的在于强调个人责任和对医疗费用的分担。③新加坡个人账户的建立与我国统筹账户和个人账户并存的方式比较类似，有利于抑制个人对医疗服务的过度消费。

（四）引入奖惩机制

例如，德国在1989年为了鼓励被保险人节约保险费用制定政策，对一年内未就医的被保险人实施一定的奖励。除德国外，还有国家为了惩罚被保险人超出一定限额，会征收一定的附加税。实践证明，采用经济杠杆，往往可以达到控制社会医疗保险费用的目的。④

① 储振华，李国鸿．国外医疗保险费用控制［J］．国外医学（卫生经济分册），1997（2）：53-62.

② 储振华，李国鸿．国外医疗保险费用控制［J］．国外医学（卫生经济分册），1997（2）：53-62.

③ 储振华．新加坡医疗制度的改革与实施［J］．国外医学（卫生经济分册），1994（4）：145-148.

④ 仇雨临．医疗保险［M］．北京：中国劳动社会保障出版社，2008：243.

（五）加强健康教育

日本劳动省在1988年提出全民健康计划，2000年提出了21世纪国民健康运动，2002年制定了健康促进法。德国在1989年制定法律，规定疾病基金会必须对促进国民健康承担责任。对于被保险人来说，加强预防保健的健康观念，养成良好的生活习惯，定期体检，加强体育锻炼，保持健康心态，不仅可以降低发病率，减轻疾病带来的痛苦，还可以减少个人和社会医疗保险费用的双重支出。

三、对医疗保险供方的控制

（一）支付方式改革

支付方式改革主要是将传统的后付制改为预付制，以此来控制医疗保险费用的上涨。预付制一般包括总额预算、按病种预算、按人头预算等方式。

加拿大、德国和英国均实行了较长时期的总额预付制。法国在1983年改革了医院费用的偿付机制。[①]公立医院和大多数私立非营利性医院由未来的总额预算负责，医生据此领取工资，在公立医院内，患者不能选择医生，除非之前患者在专科医生的兼职时间接受过其提供的医疗服务。私立的非营利诊所接受国家按日给予津贴，在这种诊所内行医的医生接受标准收费。总额预付制的实行带来了对医疗费用支出的严格控制，效果显著。然而，自实行总额预算后，医疗创新受到了不利影响，而且医疗服务的质量也有一定程度的下降。

美国为了控制医疗费用支出推出了诊断相关分组法（DRGs），该方法最初在老年医疗保险计划中使用。[②]诊断相关分组法重新定义了支付中使用的衡量单位，根据主要的诊断、患者的年龄、并发症的出现、外科手术的使用和患者出院状况等因素建立了467个诊断相关组的类别，并按照类别预先设定付费标准进行支付。

德国为了控制医疗费用支出也采取了支付方式的改革措施。[③]在德国，医

① 储振华，李国鸿．国外医疗保险费用控制［J］．国外医学（卫生经济分册），1997（2）：53-62.
② 张笑天．美国医疗保险制度现状与借鉴［J］．国外医学（卫生经济分册），2002（3）：98-104.
③ 吴晓峰．德国医疗保险制度改革［J］．国外医学（卫生经济分册），2000（3）：97-103.

生被分为两类：门诊医生与住院医生，门诊医生的支付基于按服务项目收费，而且在大多数情况下不允许在医院内治疗患者。住院医生领取薪水，并不允许在门诊设施上治疗患者。医生被允许的收费是疾病基金与地区医生组织协商的结果。医院的收费根据协商的按日津贴计划进行。此外德国还将按 DRGs 引入医院部门，患者的平均住院时间减少了 30%。

（二）控制药品价格

阿根廷政府建立了专门的药品配送体系，通过减少药品的流通环节来控制价格。相关卫生部门直接从生产厂商订购药品，经过药品配送体系运送至全国的医院和药店。为了保证药品质量，阿根廷还对生产环节严格把关，一般由政府和全国的权威医疗机构负责。除此之外，阿根廷还建立了药品质量监督系统，由国家药品实验室和国家医疗技术管理局等权威部门对药品的质量进行全程监督和检测。

西班牙控制药品价格的方法是普遍使用价格低廉的普通药品。由于公众对药品的功能不甚了解，从而很难对药品做出自主选择，因此西班牙政府向公众普及药品知识，鼓励公众在同等功效药品类选择价格更低的，另外还规定医生尽量开便宜药的原则。西班牙法律还规定，已经上市销售 10 年的药品必须降低价格至原价的 80%。

日本对药品价格采取规制手段。厚生省负责对纳入医疗保险范围的处方药定价，药品价格既不能由市场自由定价，也不能由医疗机构或医疗保险机构单独定价。厚生省对药品进行价格规制的目的是防止药价虚高，导致医疗保险费用开支过大。

澳大利亚政府对价格的控制采取提供参考价和财政补贴的政策。对于新药上市的价格，卫生部门给出一个参考价，规定价格浮动范围。自 2008 年 8 月 1 日，澳大利亚政府开始调控药价，全国大部分药品一次性降价 25% 或每年降 2%，药品批发商和零售商因药品价格下降而造成的损失由政府财政补贴。

（三）控制医疗资源的投入

医疗开支相当一部分是用于卫生机构的设置、医疗设备的购买、医务人员的工资，为了缩减医疗费用，许多国家开始对医疗资源的投入进行控制。例如北欧一些国家按照服务时间支付医生工资，英国对医疗从业人员进行精简，限制医学院学生和入行医生的数量，并且规定医生领取固定工资。在贵重医疗设备的购置上，英国实行定额控制管理，并且限制不必要的检查项目，以缩减医疗保险费用的开支。

（四）医疗机构与保险机构合作制度

美国国会于 1973 年在卫生部的推动下通过了《健康维护组织法》，成立了一种新型的医疗保险形式——健康维护组织（HMO），即医疗机构与保险机构签约合作，为患者提供保险、医疗于一体的服务。这种模式的优点在于患者可以以很低的价格参与，而且可以有效地控制医疗保险费用的开支。这种模式一经推出就受到了低收入人群的欢迎与好评，如今 HMO 模式经过不断发展与完善，已经吸引了大批消费者前来参与投保。

四、国外医疗保险费用控制机制的发展趋势

国外医疗保险费用控制机制的发展大致可以分为三个时期，分别是 20 世纪 60—70 年代的高速增长期，70 年代中后期到 80 年代初期的控制期以及 80 年代中后期以来的平稳发展期。世界各国为控制医疗保险费用的支出采取了许多措施，付出了许多努力，取得了显著效果。各国从 20 世纪 70 年代中后期到现在，采取的控制措施发生了一些变化，主要表现在以下几个方面：

第一，从重点对医疗服务的需方控制转向重点对医疗服务的供方控制，同时兼顾供需双方。事实上，对供方控制比单纯只对需方控制得到的效果要好。只有同时做好对供需双方的控制工作，才能更好地控制医疗保险费用的上涨。

第二，从总量控制转向结构控制。例如德国对医生进行工资改革，提高通科医生和内科医生的收入，降低病理科医生和放射科医生的收入。再如英国调整专科医生和通科医生的数量结构，通过结构调整来精简医疗卫生人员队伍，达到费用控制的目的。

第三，控制的主体从被动转向主动。各国设置控制需方的费用分担制，建立个人储蓄账户制，控制供方的总额预付制、按病种支付、按人头支付等方式都加强了被控制主体的费用控制责任，将各方经济主体的利益与费用控

制目标结合起来，共同制衡控制医疗保险费用的上涨。

第四，从风险后馈式转向风险前馈式。如许多国家把医疗保险费用控制的侧重点从风险后对供需双方的控制逐渐转向风险前对疾病预防和初级卫生保健的加强，降低人民患病率，提高人民健康水平，减少未来医疗保险费用的开支。例如美国不断发展健康维护组织，提高人民疾病预防能力；日本2002年出台健康促进法，加强全民健身。

第三节　代表性国家医疗保险费用控制的经验

一、英国医疗保险费用控制经验

英国的国家卫生服务系统（National Health Service，NHS）建立于1946年，对所有的英国居民提供卫生保健服务。英国在医疗保险全覆盖的同时却很好地将成本控制在一个较低的水平，据世界卫生组织（WHO）出版的《2000年世界卫生报告》，英国卫生总费用在发达国家中是最低的。英国在医疗费用控制方面主要有以下两个方面的经验：

（一）大力发展社区卫生服务，实现全民覆盖

英国是世界上社区卫生服务发展得最早也是最完善的国家，医疗卫生服务实现全民覆盖，国民不论贫富均可享受免费医疗，在保证公平性、福利性的基础上也实现了对医疗卫生资源的有效利用。国家对医疗卫生系统实行总额预算制，对供方实行财政补贴。英国在建立医疗卫生制度时就把发展社区卫生服务放在相当重要的地位，社区卫生服务承担着国民90%以上的医疗服务工作，主要为初级医疗服务。在英国的医疗卫生制度下，医生分为全科医生和专科医生，其中全科医生相当于病人通往专科医生的守门人，全科医生基本可以针对病人90%的疾病进行有效治疗，不仅包括普通疾病的诊断和治疗，还承担着预防和保健工作，全科医生难以解决的病症转往医院由专科医生进行治疗。全科医生的收入方式相对比较灵活，与服务年限、工作量、注册居民的数量等相关。经过几十年的发展，英国已经成为世界上医疗保障制度最完善的国家之一。

（二）在医疗市场改革中引入“内部竞争”机制

到了 20 世纪 70 年代中后期，英国经济发展缓慢，免费医疗给政府带来了巨大的财政压力，许多医院因预算透支而关门停业，为此英国开始实行医疗体制改革。改革的出发点是在医疗系统内部引入市场机制，发挥市场在医疗卫生资源中的调节配置作用，逐步放开医疗服务市场。改革的方式主要有：打破辖区内社区和医院对注册居民的垄断治疗，允许管辖区外的医院参与辖区内竞争，必要时还可以允许民营医院参与进来；赋予居民自由选择家庭医生的权利，引入家庭医生间的竞争，激励其提高服务质量和服务效率；对于医疗设施条件和医疗技术水平较高的医院，允许其独立出来，并赋予其工资、人事等方面的优惠政策。

二、德国医疗保险费用控制经验

从 1883 年俾斯麦首创了世界上第一个社会医疗保险制度至今，德国的社会保障制度已经走过了 100 多年的历史，无论是在制度完善还是费用控制方面，德国的经验都有很多值得我们借鉴和学习的地方。

（一）强化和完善法律对社会医疗保险制度的规范作用

德国是一个以各领域法律体系健全著称的国家，纵观社会医疗保险制度 100 多年的发展历程，法律无不起着规范和保障的作用。德国在社会医疗保险制度建立之初就颁布了《疾病保险法》，规定了律师和手工业者等参保的义务，1949 年德国颁布《社会保险调整法》，规定保费中雇主与雇员各承担一半的义务。此外，德国还颁布了《卫生保健法》《农民医疗保险法》等保障社会医疗保险制度的有序进行。在德国相关社会保险法中，规定要遵循法定保险为主、私人保险为辅的原则，被保险人有自由选择的权利，但如果被保险人不符合私人保险的规定，必须参加法定保险。

（二）实行门诊急诊与住院严格区分的支付体系

德国对医生的门诊支付方式采取总额预付制下的按项目支付方式，被称为“点数法”。该支付方式的实行首先由医生和医疗保险基金对医疗服务的项目进行点数赋值，每个点数都对应一定的现金值，项目的费用按照赋予的点数进行相应支付。每个项目点数每年都会根据费用支出、工资水平等其他相关因素进行调整修正。对于住院费用的支付，德国进行了相应的改革，由原来的全额支付改为按日付费，为了防止医生延长患者住院时间获取更多收益，德国进一步改革了住院费用支付方式，引入按病种支付方式。德国对门诊费用和住院费用支付方式的改革有效控制了医疗保险费用的增长，同时提高了医疗服务效率。

（三）重视疾病预防和需方费用共担

与其他福利国家一样，德国也面临社会医疗保险费用飞速上涨的困境，为此德国从 2004 年开始实施《法定医疗保险现代化法》，鼓励被保险人积极参与疾病的预防，早诊断早治疗，加强对医疗健康的责任感，减少未来医疗保险费用的更多发生，除此之外，还要求被保险人个人也要对医疗费用进行相应比例的承担。实践证明，个人承担少量的医疗费用是社会医疗保险费用的有效控制方式。此次德国的医疗改革还包括将免费医疗项目改为部分收费项目，引入市场机制，提高医疗服务的效率和质量等。

三、美国医疗保险费用控制经验

美国是世界上经济最发达的国家，然而美国的医疗保险制度却与其经济实力相反，以其医疗费用高、覆盖面小、保障程度低、管理复杂、改革困难等特点被世界各国所诟病。虽然在医疗保险方面美国受到了国内外的批评，然而美国的医疗技术是世界上最先进的，管理经验也是最丰富的，特别是近十几年来对医疗制度的不断摸索改革，形成了一些极具开拓性的管理经验和方法，值得我们借鉴。

（一）允许私人资本参与医疗保险市场竞争，促进医疗保险制度的创新

在美国，约有 50% 的保险公司由私人承办，这些私人医疗保险机构承担了约 1.5 亿人口的保险计划，在很大程度上减轻了政府的财政负担。私人医疗保险机构主要分为两类：

1. 非营利性健康保险公司

主要包括蓝十字蓝盾医保联合会和39家独立经营的蓝十字蓝盾地区医保公司（简称双蓝组织），这是美国历史上最悠久、知名度最高、规模最大的私营医疗保险机构。双蓝组织通过与政府合作，为近三分之一的美国人提供医疗保险服务，除此之外，双蓝组织每年还捐赠2亿美元用于改善社区医疗保险设施；

2. 营利性商业保险

由于美国社会医疗保险覆盖范围非常有限而医疗费用又十分高昂，因此覆盖范围之外的居民会选择购买商业保险。目前美国的商业保险机构有1000多家，市场竞争异常激烈。

（二）创新医疗服务支付方式，提高医疗服务效率

在20世纪80年代以前，美国的医疗保险机构实行的是后付制的支付方式。由于后付制是按照医疗服务的价格与数量综合计算医疗费用，对医疗机构和被保险人的行为约束较小，医生经常会出现诱导需求行为，而患者也会出现过度医疗的现象。后付制导致了医疗保险费用的持续快速上涨。为了遏制医疗保险费用上涨的势头，一种通过改革支付方式的新型管理方式——管理式医疗应运而生。管理式医疗的特点在于改革支付单元来控制费用，例如按病种支付（DRGs）、按人头支付等，管理式医疗通过使医疗服务供方也参与到费用控制的行列中，达到费用控制和提高效率的双重目的。管理式医疗的组织和形式多种多样，比较具有代表性的是健康维护组织（HMO）、有限医疗服务提供者组织（PPO）和服务点计划（POS）。与传统医疗保险方式相比，管理式医疗一般可以将医疗保险费用降低10%~20%。

四、日本医疗保险费用控制经验

日本与我国是邻国，在人口结构、文化传统等方面存在相似之处。近20年来，日本对医疗保险制度进行了一系列改革，其改革方案与措施对我国具有一定的借鉴作用。

（一）设置个人支付比例

日本政府规定，患者在接受医疗服务时，必须对所发生的医疗费用进行相应比例的分担，不同的保险类型对应不同的分担比例。例如，国民医疗保险的参保人分担比例为30%，参保人退休后分担比例降至20%。雇员医疗保险的参保人分担比例为20%。老年人的费用分担比例为5%。

（二）修改医疗费用支付制度

1995年厚生省提出改革方案，指出应当将现行的单一支付方式和按服务支付方式进行有机结合，结合的方式主要取决于疾病的类型。比如，意外受伤或急病适用按服务支付的方式，而糖尿病等慢性病适用按单一支付的方式。1996年日本将医疗机构按照功能划分为三种：诊所、专科医院和综合医院，不同种类的医疗机构适用于不同的支付方式。

（三）其他措施

日本为了帮助患者在择医时做出更好的选择，建立了全面的医疗服务信息系统，该系统为患者提供相当充分的医疗方面的信息。为了控制药品价格，日本厚生省制定了药品目录和药品价格，以防止药价虚高。设置雇员医疗保险基金，医疗费用通过基金进行支付，同时基金负责对医疗费用的检查和计算。推出《老年人健康和医疗服务法案》，对老人进行适当的照顾，为老年人提供包括疾病治疗、疾病预防和促进健康的服务。

第四节　我国可借鉴的国外医疗保险费用控制的经验

一、发展社区卫生服务

英国作为全球社区卫生服务的发源地，在这方面的经验非常值得我国学习。

英国的医疗服务体系结构分三个级别，初级、二级和三级分别对应社区卫生服务机构、地区医院和中央医疗服务机构，整个体系呈现“金字塔”状，基层医疗机构数量最多，覆盖所有居民。英国医疗服务体系的设计与我国的三级医疗服务体系相类似，但是我国基层医疗机构设施落后，人员素质差，居民选择率低，不能很好地履行基层医疗服务职责。为此，我国在基层医疗机构建设方面应该做到广覆盖，并且分辖区管理，每个辖区内的居民都做到注册，并分配相应的医生，切实做到“小病进社区，大病进医院”。

我国在借鉴英国社区卫生机构发展经验时还必须注意到一个问题，我国是世界上人口最多的国家，医疗卫生资源相对稀缺，因此，要想更好地发展社区卫生机构，实现广覆盖高保障的目标，仅仅靠政府的力量是不够的，必须引入市场机制，通过实施税收优惠等政策吸引民间资本，使政府力量与市场力量相结合，提高效率，降低成本，更好地为百姓服务。

除此之外，我国还必须借鉴学习英国的全科医生制度。由于英国的全科医生是居民就医的第一道门，承担着“守门人”的职责，不仅负责 90% 疾病的治疗，还承担着防疫、健康和咨询等任务。因此，英国非常重视全科医生的教育和培养，对于全科医生的准入有十分严格的限制。要成为一名全科医生，首先需要在医学院学习 5 年，毕业后经过 1 年的临床实践，向英国医学会申请注册医生，申请通过后还需要至少为期 3 年的临床实践，最后通过英国皇家全科医生考试，才能获得全科医生的从业资格。而在我国，基层医疗卫生机构的卫生技术人员学历低，技术水平落后，还常常因待遇低等原因造成人员流失的现象。为此，我国政府必须重视基层人才培养，严格准入制度，并实施激励政策吸引鼓励卫生人才到基层工作。

二、健全社会医疗保险制度法律体系

德国在 1883 年建立社会保险制度之初就颁布《疾病保险法》，1949 年颁布《社会保险调整法》，1994 年颁布《护理保险法》，此外德国还颁布了《卫生保健法》《农民医疗保险法》等一系列法律来保障社会医疗保险制度的有序进行。

与德国相比，我国社会医疗保险制度的法制建设就落后得多。我国 2011 年 7 月 1 日通过了 1949 年以来的第一部社会保险制度的综合性法律——《社会保险法》，该法律有关基本医疗保险条款共 10 条。与德国完善而具体的法律体系相比，我国针对医疗保险的法律建设还远远不足。我国的社会医疗保险制度改革已经进行了半个多世纪，虽然取得了相当大的成就，但是依然存在很多问题，这与社会医疗保险法律体系的不健全有很大关系，缺乏法律的统一规范和协调。由于我国社会医疗保险的实施过程中也涉及多方主体：医疗服务供方、医疗服务需方、社会医疗保险机构、有关卫生部门等，因此我国需要借鉴德国构建健全的法律体系，规范各方的行为，做到有法可循，有法可依，对于出现的新问题，在法律上及时进行调整和更新完善。

三、创新支付方式和费用分担机制

我国目前还在实行按服务项目结算的后付制，尽管结算方式简单直接，但是容易产生医生诱导需求和患者的过度医疗，造成社会医疗保险费用的过快上涨和医疗卫生资源的浪费，因此我国应当借鉴美国创新医疗服务支付方式的经验，结合我国现状，探索出适合我国的支付新方式，以达到控制费用快速上升的目的。

在医疗费用分担机制建设方面，我国目前对各种医疗服务项目的费用分担比例设置较为单一，为此应该学习各国经验，不同项目如门诊、住院分设不同的比例，对于不同的人群，也应该有所区别。对于收入水平低、经济困难的参保人，应该实行降低费用负担比例或者减免，而对收入高，经济状况好的参保人，适当提高费用负担比例，实现社会医疗保险制度的社会共济、团结互助、公平保障功能。

四、积极发挥商业医疗保险的补充作用

美国虽然没有实施全民社会医疗保险制度，但美国的商业医疗保险却是十分发达，不仅创造出满足人们各种需求的医疗保险计划，实现较高的保障水平，同时还可以减轻政府财政的负担。

我国的社会医疗保险制度中对需方医疗费用的支付设置了封顶线，现为当地居民年均工资的 6 倍。随着老龄化程度的加深和疾病的多样多发，人们逐渐将商业医疗保险作为社会医疗保险的补充手段来提高保障水平。我国目前的商业医疗保险行业还很不发达，人们对商业医疗保险也存在一定的误区。然而商业医疗保险对于控制社会医疗保险费用的上涨和提高人们保障水平都

具有重大意义。为此商业医疗保险应当积极拓宽保险范围，创新保险方式，满足人们的多样化需求。

五、加强对老年人的医疗照顾

日本1983年实施的《老年人健康和医疗服务法案》给了我国在面对老年人医疗保险费用支出问题时一个很好的启示。

现如今我国的人口老龄化问题越来越严重，老龄人口数量为世界第一，占世界老龄人口总数的20%，预计到2050年，我国老龄人口总量将超过4亿。人口老龄化带来的最直接问题是疾病的发病率升高，这会直接导致我国社会医疗保险费用的快速上涨。我国社会医疗保险基金采用的是按在职人员工资额计提的筹资模式，人口老龄化程度的加深必然带来退休人员占参保总人数比例的升高，因此还会使社会医疗保险制度的可持续发展面临越来越严峻的挑战。为此，我国亟须建立一项专门针对老年人的医疗保险制度，来保障老年人对医疗服务的合理需求，以此来缓解对我国社会医疗保险费用带来的冲击。

对退休人员的医疗保险应该实施特别的照顾，不能降低退休人员的医疗费用补偿比例和待遇标准。建立针对老年人的医疗保险制度不仅仅要包括提供对疾病的治疗保险，还应当包括对老年人实施的各种疾病预防、身体保健、定期体检、健康咨询等服务，帮助老年人提高身体素质，提高生活质量。日本的经验证明，对老年人实施特别的照顾并建立有针对性的保险制度，有利于社会公平和稳定。

第五节　小结

医疗保险费用的过快上涨是世界各国都面临的难题，本章旨在通过分析研究国外对医疗保险费用的控制措施，找出能为我国所参考借鉴的实践经验。

西方各国在经历了医疗保险费用高速上涨后，财政负担不断加大，纷纷出台政策对医疗费用进行控制，取得了良好的效果。各国的控制措施主要分为三种：第一，总体控制，包括筹资控制和补偿控制；第二，对医疗保险需方的控制，包括设置医疗费用共付比例，减少医疗服务项目、提高医疗服务价格，建立个人账户，引入奖惩机制，加强健康教育；第三，对医疗保险供方的控制，包括支付方式改革，控制药品价格，控制医疗资源的投入，医疗机构与保险机构合作制度。

本章通过对医疗保险制度代表性国家——英、德、美、日四国的医疗保险费用控制措施进行分析，得出可为我国借鉴的经验。这些经验主要有：第一，大力发展社区卫生服务，加强基层医务人员的培养与教育，做到广覆盖、高保障、低费用；第二，建立健全社会医疗保险制度法律体系，为我国社会医疗保险制度的深入改革与顺利实施保驾护航；第三，创新医疗服务供方支付方式，合理设置需方医疗费用分担机制，有效控制供方的诱导需求与需方的过度消费；第四，积极发挥商业医疗保险的补充作用，既可以提高保障水平，又可以减轻政府财政负担；第五，加强对老年人的医疗照顾，建立专门针对老年人的医疗保险制度，提供包括治疗、预防、咨询等方面的服务，以达到控制医疗保险费用过快上涨和维护社会公平稳定的目标。

第七章　社会医疗保险费用不合理上升的控制机制设计

通过前面几章的分析我们可以得知，现行制度将医疗服务市场划分为医疗服务的供方（医院或医生）、医疗服务的需方（患者）和医疗保险机构等各个经济主体，各个经济主体在不完全信息的条件下追求个人利益最大化导致了我国社会医疗保险费用的不合理上升。

接下来，本文将在 Ma C T A & Mcguire T G（1997）提出的 CTAM 模型的基础上，根据医疗服务中信息不对称的现实以及我国医疗服务市场的实际情况，对模型进行修正，并引入新的变量，在约束各方道德风险行为和控制社会医疗保险费用不合理上升方面进行机制设计。

第一节　模型的设定

模型包含医疗服务的供方（医生）、医疗服务的需方（患者）、医疗保险机构三方。对于患者来说，他需要从医生那里获得医疗服务来恢复健康，这时就涉及两个变量：医疗服务的数量 τ 和医生所投入的努力水平 ε。保险合同发生于两个方面，一方面是保险机构与医疗服务的供方（医生）之间，另一方面是保险机构与医疗服务的需方（患者）之间。由于医疗服务本身的特殊性，医疗保险机构在事前无法确定其数量，因此模型假设医疗保险费用的支付只能基于事后医生向医疗保险机构报告的数量，患者自付数额和医生报销额取决于报告信息。模型假设医生付出的努力对于患者来说是可证实的，而对医疗保险机构则是不可证实的。所以，医生只能通过医疗服务的数量得到偿付，而非努力水平。报告数量不一定等于实际数量，如医生向医疗保险机构报告的治疗数量为 τ^r，实际的治疗数量是 τ。但在完全信息下，如果患者不同意，他可以反对医生报告假信息。

模型将三方博弈过程按时间顺序分为 5 个阶段：阶段 1：医疗保险机构制定两个条款，分别是与患者发生关系的参保条款和与医生发生关系的赔付条款。阶段2：自然以概率p决定一个患者是否生病，当患者生病时，会寻求来自医生的治疗服务，如果该患者健康，则整个过程终止。阶段3：医生选择他的努力水平ε。阶段4：患者根据医生的努力水平选择治疗数量τ。阶段5：医生向医疗保险机构报告治疗结果并据此得到费用补偿，报告的治疗数量越多，得到的补偿越大。

对于患者来说，其最初的收入是w，自然决定其生病的概率p。假设患者总是可以在生病过程中以单位成本c获得连续的治疗。患者所遭受的健康损失等价于货币损失s，可以通过严格凹函数$F(\tau,\varepsilon)$来恢复。$F(\tau,\varepsilon)$是τ和ε的增函数，值区间是$(0,s)$，即患者接受医疗服务后不可能比之前的健康状态更好。患者在事前交给医疗保险机构$\alpha \geqslant 0$的保费，当患者身体健康不需要治疗时，他还有$(w-\alpha)$的收入可以用于购买其他物品。若患者选择治疗数量τ，而医生报告给医疗保险机构的治疗数量是τ^r，那么患者剩下的收入是$w-\alpha-\beta\tau^r$，β为每单位医疗服务中患者自己承担的费用，$0 \leqslant \beta \leqslant c$。最后，使用严格凹函数$U(\cdot)$来表示风险规避型患者的效用，$U'(\cdot)>0$，且$U''(\cdot)<0$。

对于医生来说，模型假设其风险中立，治疗的单位成本c由医生个人承担，而投入的努力ε的成本为$G(\varepsilon)$，假设$G(0)=0$，$G'>0$，$G''>0$。医生最终得到的补偿来自两个部分，第一，对于治疗每一个患者，医生将得到来自医疗保险机构的固定收入ρ，该收入可以被视为一个预期固定收益。第二，医疗保险机构将向医生支付每报告治疗单位$\delta+c$的补偿费用。δ的值可以为正也可以为负。若δ为负则医生得到的补偿少于成本的付出c；当$\delta+c=0$时，医生获得的补偿是固定值ρ。

在信息是完全的情况下，由于$\beta \geqslant 0$，那么对于报告数量的每一单位患者均支付非负值，因此患者将拒绝医生报告超过真实数量的τ^r，反而会接受低于真实数量的τ^r。当$\delta+c \geqslant 0$时，医生将获得每治疗数量单位为正的补偿，在这种情况下，医生永远不会少报数量。由于患者的反对，他也不能多报数量。因此，当$\delta+c \geqslant 0$时，在阶段5医生所报告的必然是真实数量。相反，当$\delta+c<0$时，医生愿意少报数量，即$\tau^r<\tau$，患者也接受少报，因为这样减少了他自身的支付。因此，当$\delta+c<0$时，报告数量的均衡值为0。所以，在此分析框架中，设定$\delta+c \geqslant 0$。

基于以上假设条件，患者的期望效用可以用式（1）来表示：

$$U_1 = p\left[w-\alpha-\beta\tau^r-s+F(\tau,\varepsilon)\right]+(1-p)(w-\alpha) \tag{1}$$

在完全信息条件下 $\tau^r=\tau$，所以：

$$U_1 = p\left[w-\alpha-\beta\tau-s+F(\tau,\varepsilon)\right]+(1-p)(w-\alpha) \tag{2}$$

那么 τ 必须满足一阶最优条件为 0，于是有：

$$\beta=F_\tau(\tau,\varepsilon) \tag{3}$$

（3）式表明，每单位医疗服务中患者自己承担的费用与患者从每单位医疗服务中获得的效用相等时，即患者的边际成本等于边际收益时，总效用最大。同时（3）式也可以看作是在给定 β 下患者对医生的反应式。医生的努力程度 ε 可以影响到患者对治疗的需求，同时也是他得到回报的基础，而患者缴纳的保费 α 并不影响对治疗数量的需求。另外还可以看到，β 制约着患者对医疗服务的需求数量。

对于医生来说，在完全信息的情况下，医疗服务的数量 τ 由（3）式决定，由于 $0\leqslant\beta\leqslant c$ 且 $\delta+c\geqslant0$，所以患者总是可以揭示出真实的治疗数量，即 $\tau^r=\tau$。那么医生的收入是：

$$V_1 = p\left[\rho+(\delta+c)\tau-c\tau-G(\varepsilon)\right] \tag{4}$$

该式约束条件为（3）式。

第二节　模型的修正

在上述分析框架中，医疗保险机构首先选好保险条款及参数 $(\alpha,\beta,\rho,\delta)$，患者根据医生的努力水平 ε 选择治疗数量 τ 以追求个人效用最大化，τ 的选择受到自付额 β 的限制，在单位补偿 $\delta+c\geqslant0$ 时，医生为了使个人收入最大化向医疗保险机构谎报治疗数量 τ^r，患者基于自己的利益会拒绝医生谎报信息。在完全信息条件下，自付比例 β 限制了患者对治疗数量的过度需求，同时也约束了医生谎报治疗数量的行为。因此，医患双方博弈的均衡结果是医生向医疗保险机构报告真实的治疗数量，这样就避免了过度医疗和医疗费用的不合理上升。

但是，医疗服务市场医、患、保三方信息高度不对称以及进入的高门槛等行业特征，医患双方各自基于自己的利益进行决策，从而会产生医生诱导需求、患者过度医疗、医患合谋等道德风险。下面将根据医疗服务中信息不对称的现实以及我国医疗服务市场的实际情况，对模型进行修正。

第一，由于医疗服务天然的信息不对称的特征，所以放弃上述框架中的完全信息假设及其推论 $\tau^r=\tau$。第二，上述模型中，医疗服务的数量是患者根据医生的努力程度做出的决策，但是由于医疗服务供方有着较高的进入门槛以及信息不对称的现实，患者没有能力对医疗服务的数量做出决策，所以假定医疗服务过程中实际发生的数量 τ 由医生决定。第三，根据我国医疗卫生和社会医疗保险的实际情况，放弃原有模型中医生从医疗保险机构处获取的固定收入 ρ，并设单位医疗服务的价格为 P，且 $P\geqslant c$。第四，设患者的自付比例为 θ。第五，由于我国社会医疗保险费用是按照一定的比例对个人收入计提的，那么保费 α 更确切来说应该表示为 kw，k 为计提比例，但由于 α 的形式与赋值和最后的结果无关，因此仍然将患者的保费视为一个固定值，并用 α 表示。

修正后的患者效用函数可以表示为：

$$U_2 = p\left[w-\alpha-\theta P\tau^r - s + F(\tau,\varepsilon)\right]+(1-p)(w-\alpha) \tag{5}$$

且有 $\tau^r=\tau+a$，（$a\geqslant 0$）。

式（5）对 τ 进行一阶求导，得到

$$\theta P = F_\tau \tag{6}$$

修正后的医生收入函数可以表示为：

$$V_2 = p\left[P\tau^r - c\tau^r - G(\varepsilon)\right] \tag{7}$$

其中，$\tau^r=\tau+a$，（$a\geqslant 0$），约束条件为式（6）。在信息不对称的条件下，式（7）说明医生诱导需求会导致其收入的增加，同时会带来社会医疗保险费用的不合理支出。

在分别考察了医生、患者的行为及其收益以后，接下来对医患合谋进行考察。医患合谋的产生来自于作为第三方支付的医疗保险机构的存在。现在将医患双方的效用之和定义为M：

$$M=p\left[w-\alpha-\theta P\tau^{r}-s+F(\tau,\varepsilon)\right]+(1-p)(w-\alpha)+p\left[P\tau^{r}-c\tau^{r}-G(\varepsilon)\right] \tag{8}$$

其中，$\tau^{r}=\tau+a$，$a\geqslant 0$。

式（8）对τ求一阶导得到：

$$(\theta-1)P+c=F_{\tau} \tag{9}$$

对于式（9）来说，由于$P\geqslant c$，所以有：

$$\theta P\geq F_{\tau} \tag{10}$$

比较式（10）与式（6）可以发现，由于$F(\tau,\ \varepsilon)$为凹函数，在医患合谋的情况下，实际发生的医疗服务的数量显然大于不合作情况下对医疗服务数量的选择。此时，患者的效用高于不合作情况下的效用，医生的收入也明显高于不合作情况下的收入。这种情况会带来社会医疗保险费用的不合理上升。

第三节　控制机制设计

一、需方控制机制：自付比例、起付线与封顶线

对于医疗服务的需方（患者）来说，其决策反应式为（6）。由于医疗服务的价格在一定时期内是相对稳定的，那么能够对患者的决策造成影响的便是患者的自付比例θ。所以可以通过调整自付比例θ来对道德风险进行控制。合理的设置自付比例θ可以有效遏制患者对医疗服务的过度需求。θ过低对控制医疗费用的过快增长没有明显的制约作用，而过高可能又会抑制患者对治疗数量的正常需求，不能充分发挥社会医疗保险的基本保障功能。起付线和封顶线是自付比例的两种特殊情况。

首先设置一个医疗费用的区间$[l_1,l_2]$，区间$(0,l_1)$与$(l_2,+\infty)$费用全部由患者个人负担，自付比例为100%；区间$[l_1,l_2]$这部分费用，患者承担的比例为θ，医疗保险机构支付部分的比例为$1-\theta$。

在P保持稳定不变的前提下，将l_1和l_2分别对应治疗数量τ_1和τ_2，即有$P\tau_1=l_1$和$P\tau_2=l_2$。患者在消费不同数量的医疗服务数量情况下，个人需要承担的医疗费用L为：

$$L=\begin{cases} P\tau & \tau\in(0,\tau_1) \\ P\tau_1+\theta P(\tau-\tau_1) & \tau\in[\tau_1,\tau_2] \\ P\tau_1+\theta P(\tau_2-\tau_1)+P(\tau-\tau_2) & \tau\in(\tau_2,+\infty) \end{cases} \tag{11}$$

在式（11）中，l_1为起付线，l_2为封顶线，l_1和l_2之间的部分患者自付比例为θ。式（11）可以视为存在共保率差异的三个区间。式（6）说明，患者对治疗数量的需求受到自付比例的限制，那么这种支付方式可以非常有效地限制患者对治疗数量的过度需求。

从社会医疗保险机构的角度来看，与不设置差异化自付比例区间时相比，减少的费用支出为：

$$L_s=\begin{cases} P\tau_1 & \tau\in(0,\tau_2] \\ \\ P(\tau_1+\tau-\tau_2) & \tau\in(\tau_2,+\infty) \end{cases} \tag{12}$$

二、供方控制机制——惩戒机制

在调整后的模型中，医生在为患者提供医疗服务后得到的收入修正为式（7），

$$V_2=p\left[P\tau^r-c\tau^r-G(\varepsilon)\right] \tag{7}$$

其中，$\tau^r=\tau+a$，（$a\geqslant 0$），约束条件为式（6）。

假设社会医疗保险机构以概率q对医生的诱导需求行为进行检查，监督的成本忽略不计。如果医生虚报治疗数量，那么医生将受到$Z(\tau^r)$的惩罚。$Z(\tau^r)\geqslant 0$，$Z(\tau)$=0且$Z'>0$，$Z''>0$。加入惩戒机制后，医生的预期收入

变成：

$$V_2 = qp\left[P\tau^r - c\tau^r - G(\varepsilon) - Z(\tau^r)\right] + (1-q)p\left[P\tau^r - c\tau^r - G(\varepsilon)\right] \tag{13}$$

整理得到：

$$V_3 = p(P-c)\tau^r - pG(\varepsilon) - pqZ(\tau^r) \tag{14}$$

由式（14）可以看到，在引入惩戒机制以后，与式（7）相比，医生的收入降低了 $pqZ(\tau^r)$。这说明，当医生虚报治疗数量的时候，便面临着 $pqZ(\tau^r)$ 的惩罚。由于 $Z'>0$ 且 $Z''>0$，那么医生虚报数量越多，他受到的惩罚便越大，以此控制医生虚报医疗数量的行为，从而降低社会医疗保险费用的支出。

三、后付制改为预付制

医疗保险基金的支付方式由后付制改为预付制，即在医疗服务消费发生前，预先设定一定时期内医疗保险机构向医疗服务供方（医院）的支付总额度 S。如果医疗保险机构实际支付数额小于此额度，即 $S - p\theta P\tau^r \geqslant 0$，那么医院（医生）将以比例 μ 获得此差额的一部分 $\mu(S - p\theta P\tau^r)$ 作为激励，其中 $0 \leqslant \mu \leqslant 1$；如果 $S - p\theta P\tau^r < 0$，医疗保险机构则只支付额度 S，其余部分由医院（医生）承担。在预付制下，医院（医生）的收入为：

$$V_4 = \mu(S - p\theta P\tau^r) + p\left[P\tau^r - c\tau^r - G(\varepsilon)\right] \tag{15}$$

可以看出，医疗保险基金的支付方式由后付制改为预付制后，医院（医生）的收入来自于两个方面，一方面来自于医疗服务的收入，这部分收入与医疗服务的数量同向变化；另一方面是以比例 μ 获得的医疗保险支付额度与实际支付数额之间的差额，这个差额的大小与医疗服务的数量反向变化。此时，这种后付制的支付方式对医院（医生）实施的医疗服务的数量形成了制约，从而达到控制社会医疗保险费用支出的目的。

第四节　小结

导致社会医疗保险费用不合理上升的道德风险主要有三个方面：医疗服务供方的道德风险、医疗服务需方的道德风险、供需双方“合谋”的道德风险。修正后的模型分析表明，社会医疗保险费用的不合理上升是医、患、保三方在信息不对称的条件下医患双方道德风险的结果。医疗服务中的道德风险可以通过调整自付比例、设置惩戒机制、改变社会医疗保险基金的支付方式来规避。本章提出如下建议。

第一，设置合适的自付比例。修正后的模型分析可知，自付比例能够对医疗服务需方的决策产生显著影响，是患者决策的决定性因素。但是需要注意的是，自付比例过低对控制医疗费用的过快增长没有明显的制约作用，而过高可能又会抑制患者对治疗数量的正常需求，不能充分发挥社会医疗保险的基本保障功能。在具体实施的过程中，还可以配合起付线和封顶线这两种自付比例的特殊形式。

第二，对于医疗服务供方的道德风险，可以通过设置惩戒机制进行抑制。模型分析表明，在引入惩戒机制以后，当医疗服务供方向社会医疗保险机构虚报治疗数量时，由于惩罚会使其收入明显降低，且虚报数量越多受到的惩罚便越大。

第三，社会医疗保险机构可以改变社会医疗保险基金的支付方式，如由后付制改为预付制，同时配合一定的奖惩措施。这种方式一方面可以使医疗服务供方的收益受到社保基金支出的制约，可以有效降低医疗服务供方的道德风险；另一方面可以统一社会医疗保险机构和医疗服务供方的利益，在一定程度上使双方信息不对称的问题内部化，破坏医患“合谋”的存在基础，从而实现对道德风险的抑制。

第八章 我国社会医疗保险费用的控制建议

前几章通过对医疗保险市场的特点分析、社会医疗保险费用不合理上涨的原因分析、国外控制医疗费用的经验分析以及控制模型推导，我们可以得出控制我国社会医疗保险费用不合理上升的理论方法。具体对策为分别针对医疗服务的需方、供方的合理控制，保险机构的条款设计，政府增加投入以及信息系统的构建。在制度不断完善的同时，合理规避信息不对称带来的道德风险，降低我国社会医疗保险费用过快上涨带来的负面影响，使社会医疗保险制度得到健康发展，全面保障人民的健康利益。

第一节　我国社会医疗保险费用控制的原则

一、充分尊重各经济主体的利益

我国的医疗保险系统包括医疗机构（医疗服务供方）、患者（医疗服务需方）、医疗保险机构、政府等多个经济主体。由于制度的划分，各个经济主体的利益目标也各不相同。

医疗机构目标有两个：一是通过提供医疗服务获得自身利益最大化，二是在社会上得到良好的声誉和口碑，以吸引更多的患者前来就医。患者的目标有两个：一是在患病或受伤时得到良好的医疗服务以便更好地恢复健康；二是通过医疗保险机构得到更多的医疗费用补偿，减少个人费用支付和减轻个人经济负担。

医疗保险机构的目标有两个：一是保障更多的患者得到基本的医疗服务，维护社会医疗保险制度的正常运行与健康发展；二是保证社会医疗保险基金的收支平衡。

对于政府来说，目标在于保障广大人民群众的健康利益，并且维护各经济主体的利益，使整个医疗保险系统健康有序的运行。因此控制社会医疗保险费用的不合理上升的前提必须是充分尊重并保证各经济主体的利益，否则即使医疗保险费用得到有效控制，也会对整个医疗保险系统的有效运行造成危害。

二、健康保障前提下的费用控制

我国社会医疗保险制度的目的在于保障广大人民群众的基本医疗服务需求，提高人民群众健康水平。这就要求有关卫生部门协调各方利益，优化资源配置，合理控制社会医疗保险费用的不合理上升。然而控制费用的目的是为了减少资源浪费、提高资源配置效率、让更多的人民群众享受到基本医疗保障，因此在控制社会医疗保险费用上升的过程中必须要保证医疗服务的质量，保障人民群众享受基本医疗服务的公平性。

由于医疗保险制度的保障水平与国家的经济实力相关，因此必须结合实际，在不降低保障水平的前提下进行费用控制。在我国城镇职工医疗保险制度建立的初期，由于部分地区财政压力过大，对医疗保险费用进行了强有力的控制措施，但是却忽视了广大人民群众的健康利益，致使许多群众的健康福利受损，保障水平降低。尽管从短期来看，医疗保险费用得到有效控制，然而从长远来看，人民的基本健康利益得不到保障，整体社会利益受损，这与我国建立社会医疗保险制度的初衷是相矛盾的。

因此，控制我国社会医疗保险费用的上升，必须要建立在不降低医疗服务的质量同时保障人民基本健康利益的基础之上。只有这样，社会医疗保险费用的控制才有现实意义。

第二节　针对需方的控制

一、共保率的设置

共保率的思想最早是由波利在 1968 年提出来的。他指出，由于医疗保险中存在需方道德风险，因此必须让需方参与医疗费用支付，即费用共担，这样可以有效降低需方对医疗服务的过度消费。也就是说，医疗费用由被保险人（患者）与医疗机构共同支付，其中被保险人支付的费用占整个医疗费用的比例就称为共保率。共保率通常介于0与1之间，当共保率为0时，此时的保险称为完全保险，即保险机构完全替被保险人支付医疗费用，当共保率大于0小于1时，为不完全保险，保险机构替被保险人支付一部分医疗费用。一般来说，共保率越高，被保险人支付的医疗费用越多，由于受到总收入的限制，对其道德风险的约束就越高。

著名的“兰德健康保险实验”通过对随机的患者进行了调查分析。结果表明，随着个人对医疗费用支付比例的不断升高，患者对医疗服务的需求不断降低。然而共保率到底设置为多少，不能一概而论。“兰德健康保险实验”的结论是当共保率设置为25%时，患者对医疗服务的过度消费会得到有效遏制。[①]然而在现实生活当中，共保率的设置相当复杂，需要根据具体病种、治疗效果好坏、发病概率、患者的需求价格弹性等。

共保率设置过低或过高都会产生负面效应。共保率设置过低，患者对医疗费用支付的比例低，不能对患者的道德风险进行有效约束，往往会导致患者对医疗服务进行过度需求以及与医生进行合谋甚至骗保，如此一来社会医疗保险费用的不合理上涨不能得到有效控制；共保率设置过高，患者对医疗费用的支付比例高，社会医疗保险费用尽管得到有效控制，但是患者由于经济负担重，可能会减少对医疗服务的正常需求，无法进行正常的疾病治疗，造成小病不治酿成大病，反而加重患者的经济负担，这样就违背了社会医疗保险制度保障人民群众基本利益的原本意图。

一般情况下，对于治疗效果较好而且治疗费用较低的疾病，可以设置相对较低的共保率，鼓励患者使用，对于治疗效果不明显、治疗费用高昂且非必要性疾病，可以设置相对较高的共保率，减少患者选择。

经过上一章的模型推导我们可以得知，患者的最优共保率由边际成本等于边际收益给出。然而这只是一个基本理论推测，实际的计算要复杂得多。1997年兹韦费尔和布瑞耶尔（Breyer）给出了一个推导最优共保率、需求价格弹性和患者效用的关系模型。[②]模型结论表明，最优共保率随着医疗费用的增加而减小。兹韦费尔和布瑞耶尔指出，需求价格弹性在最优共保率的测算中相当重要。一般情况下，当医疗费用上升时，患者的需求弹性逐渐减少，

---

① ［美］舍曼·富兰德.卫生经济学（第5版）［M］.王健等，译.北京：中国人民大学出版社，2010：239.

② Zweifel, P. & F. Breyer. Health Economics［M］.New York：Oxford University Press，1997：60–170.

那么最优共保率也逐渐降低。因此，在一个特定病种中，不应该设置固定的共保率，而应该设置随着医疗费用上升而阶梯降低的共保率。

从各国设置共保率的实践来看，一般认为共保率在 0.2 到 0.25 之间较为合理，既可以有效抑制被保险人的道德风险，又不会降低被保险人对医疗服务的正常需求，目前世界上大部分国家将共保率设置为 0.2。此外，有经济学家经过测算，当共保率为 0.3 时可以有效避免医患合谋。因此，我国在设置最优社会医疗保险共保率时可以参考世界各国经验，通过对不同病种、发病率、患者价格弹性、医疗费用区间、各地区经济水平等因素进行综合衡量，合理设置共保率，达到约束被保险人道德风险和控制社会医疗保险费用的双重目的。

二、设置起付线

起付线是我国社会医疗保险统筹基金支付区间的最低金额限制，一般设置为被保险人年平均工资的 10%。在起付线之下的医疗费用完全由被保险人个人支付，或者是由被保险人及用人单位共同支付，医疗费用超过起付线以上的部分由医疗保险机构与被保险人共同分担。

和共保率的设置一样，起付线的难点也在于如何合理设置。起付线如果设置得过低，对被保险人几乎不构成经济压力，对被保险人的制约程度轻，被保险人依然会对医疗服务过度消费，产生道德风险，起不到有效控制医疗保险费用的目的。起付线如果设置得过高，会对被保险人形成过大的经济压力，可能会抑制被保险人医疗保险的正常需求，造成有病不敢治，小病变大病的现象。从长期来看，设置过高的起付线不仅缩减了受益范围，减低了保障水平，反而会造成医疗保险费用的整体上升。

设置合理的起付线对于控制我国社会医疗保险费用的上升具有积极意义。第一，为了提高社会医疗保险基金的利用效率，将小额医疗费用交由个人支付，大额医疗费用由社会医疗保险和个人共同支付，有利于集中资金保障人们抵御大病的风险。第二，由于小额医疗费用一般在人们的可支付范围之内，因此可以节约基金支出，减少保险结算的管理费用。第三，被保险人在起付线下的医疗服务需求受到个人总收入的限制，能够有效减少医疗卫生资源浪费。

三、设置封顶线

封顶线与起付线相对应，是我国社会医疗保险统筹基金支付区间的最高金额限制，超出封顶线的医疗费用由被保险人个人支付，或者由被保险人和单位共同支付。我国在 1998 年颁布的《国务院关于建立城镇职工基本医疗保险制度的决定》中规定封顶线为当地职工年平均工资的 4 倍左右。2009 年国务院提出的《关于深化医药卫生体制改革的意见》中将封顶线的标准提高到当地职工年平均工资的 6 倍。

封顶线的合理设置主要在于处理好医疗费用无限性与医疗保险基金有限性的矛盾关系。随着科学技术日新月异的发展，许多疑难杂症出现了很多新型治疗方法，同时也会伴随着高昂医疗费用的产生，这就意味着身患此类疾病的被保险人会产生高昂的医疗费用。国内有的学者对封顶线的设置存在不同的看法，他们认为出于人道主义关怀，不能对这部分患者设置封顶线，否则就意味着他们治疗的结束和生命的终结①。然而，我国的社会医疗保险统筹基金是有限的，从经济学角度来看，支付高昂的医疗费用给一个患者带来的效用要小于将这部分资金用于其他人数多的、治疗效果好的、费用低的患者身上带来的效用之和，而且自 2009 年国务院提高封顶线标准之后，大部分疾病的医疗费用都在封顶线范围之内，可以保障大部分被保险人的顺利治疗。因此，为了保障更广大群众的健康利益，合理的设置封顶线是具有必要性的。

设置封顶线的优点在于：一是可以有效控制被保险人对医疗服务的过多需求，减少医疗保险费用的支出，二是可以督促人们重视疾病，防止小病变大病，提高人们整体健康水平。

四、其他控制措施

（一）设置报销范围

设置报销范围指的是设置药品、检查等方面的报销范围。为了控制被保险人过度或超前消费，造成医疗卫生资源的浪费和医疗保险费用的上升，设置社会医疗保险报销范围具有很强的现实意义。目前，药品的生产、供应缺

---

① 贾洪波 . 论基本医疗保险中住院费用的需方控制［J］. 中国卫生经济，2012（12）：11-13.

乏市场宏观指导，保健药品、滋补药品生产过多过滥，新型检查仪器琳琅满目，为了使国家有限的医疗卫生资源得到合理、有效的利用，限制被保险人对与疾病治疗不符的药品或治疗的过多消费，合理的设置报销范围有利于统一在用药和检查等方面的规范，控制社会医疗保险费用的不合理上升。

（二）设置奖惩机制

采用经济杠杆，往往可以达到控制社会医疗保险费用的目的。例如，德国在 1989 年为了鼓励被保险人节约保险费用制定政策，对一年内未就医的被保险人实施一定的奖励。[①]还有的国家，为了惩罚被保险人超出一定限额，会征收一定的附加税。[②]我国在今后的社会医疗保险制度的完善中可以借鉴国外的奖惩机制。

（三）加强健康教育

社会医疗保险制度的目的在于保障人们的健康利益，提高人们的整体身体健康水平，因此，对于被保险人来说，加强预防保健的健康观念，养成良好的生活习惯，定期体检，加强体育锻炼，保持健康心态，不仅可以降低发病率，减轻疾病带来的痛苦，还可以减少个人和社会医疗保险费用的双重支出。

第三节 针对供方的控制

一、支付方式改革——后付制改预付制

社会医疗保险费用的支付方式指的是社会医疗保险机构作为第三方替代被保险人向医疗机构支付医疗费用的方式。最传统的支付方式是按服务项目支付，是一种后付制。按服务项目支付是这样一种支付方式：即社会医疗保险机构对各医疗服务项目进行定价，被保险人对医疗服务消费之后按照项目进行结算，由社会医疗保险机构支付总费用给医疗机构。总费用取决于被保

① 仇雨临 . 医疗保险［M］. 北京：中国劳动社会保障出版社，2008：243.

② 程晓明 . 医疗保险学［M］. 上海：复旦大学出版社，2003.

险人对医疗服务的数量需求。

这种传统的按服务项目支付的方式的优点在于：第一，结算方式简单，容易被各方所理解；第二，适用范围广，便于社会监督；第三，有利于调动医疗机构提供医疗服务的积极性，改善服务条件，以获得更多的收入。按服务项目支付方式的缺点也很明显：第一，容易产生医生诱导需求、患者对医疗服务的过度需求、医患合谋等道德风险，造成社会医疗保险费用的过快上涨；第二，由于医疗服务项目种类繁多，制定合理的价格标准需要大量的管理成本。

通过前文的国外控制经验和模型推导，我们将上述传统的支付方式改革为预付制，也就是在医疗服务消费发生前，社会医疗保险机构预先设定支付费率，如果医疗机构使用的成本低于该标准，那么就可以获得利润和优势，如果超过该标准，也无法获得额外的补偿。根据国外实施经验，预付制一般包括以下几种：

（一）总额预付制

总额预付制（Global budget）是以单个医疗机构为单位，医疗保险机构制定的支付医疗费用的年度总预算金额。总预算金额一旦制定，医疗机构的收入就不能随着提供医疗服务数量的增加而增加，但是可以随着提供医疗服务数量的减少得到预算内的盈余。

总额预付制的优点在于：

（1）可以很好地控制社会医疗保险费用的增长；

（2）由于支付总额是确定的，医疗机构为了在预算范围内获得更多的利润，就有动力降低医疗服务成本，提高医疗卫生资源的使用效率；

（3）医疗费用的结算方从医疗保险机构转移到医疗机构，从而降低医疗保险机构的管理成本。

总额预付制的缺点在于：

（1）医疗机构虽然不能通过增加医疗服务的提供数量来增加收益，但是可以通过减少提供数量来获得收益，因此会降低医疗机构的服务积极性，降低提供医疗服务数量和质量；

（2）由于新设备新技术的引进往往会伴随医疗服务项目价格的上升，因此医疗机构为了控制医疗费用，会减少设备与技术的更新，造成医疗服务质量停滞不前。

（二）按病种支付方式

按病种支付方式（DRGs）最早出现在1983年美国老年人医疗保险制度中，是如今国外比较流行的一种医疗费用支付方式。按病种支付方式的具体方法是：医疗保险机构首先按照分类法把患者的疾病分为若干组，然后按照疾病的严重程度和是否有并发症等特点再分成若干组，对每一个细分后的组进行定价，最后按照各小组定价汇总费用支付给医疗机构。

按病种支付方式的优点在于：

（1）有助于减少医生诱导需求和诱导性费用的支出；

（2）有助于促进医疗机构降低医疗服务成本，提高诊断治疗水平；

（3）便于医疗保险机构实施规范化管理。

按病种支付方式的缺点在于：

（1）由于收益与病情严重程度直接相关，因此医疗机构为了获得更多的收益，往往会夸大患者的病情，造成医疗卫生资源不必要的浪费；

（2）医疗机构在既定的疾病价格标准上减少对患者的必要服务，造成医疗服务质量与数量的降低；

（3）医疗保险机构对每一个细分病种的定价需要耗费大量的管理成本。

（三）按人头支付方式

按人头支付方式（Capitation）是指医疗保险机构在一个合同时期内（一般为一年）对医疗机构按照服务的被保险人的个人支付标准和数量预先支付一笔固定的医疗费用。医疗机构的收入与服务的被保险人的数量成正比。

按人头支付方式的优点在于：

（1）由于每一个被保险人的支付标准是固定的，因此该方式可以很好地控制医生诱导需求，进而达到控制医疗保险费用不合理上升的目的；

（2）有利于促进医院开展预防宣传工作，降低发病率，降低医疗费用的支出；

（3）管理相对简单，有助于减少医疗保险机构的管理成本。

按人头支付方式的缺点在于：

（1）由于每一个被保险人的支付标准固定，医疗机构就有减少提供医疗服务的动力以获取更大的利益，而且经常会出现拒接危重患者的现象，对患者的基本健康权利造成损害，容易引发医患矛盾；

（2）医疗机构之间缺乏价格竞争，不利于医疗技术的更新。

我们现在将上述几种主要的医疗保险费用支付方式进行列表对比。

表 8–1 几种主要的医疗保险费用支付方式比较

支付方式	支付性质	费用控制效果	医疗服务技术促进效果	医疗保险机构的管理审查
按项目支付	后付制	√	√√√√	√√√√
总额预付制	预付制	√√√√	√√	√
按病种支付	预付制	√√	√√√	√√√
按人头支付	预付制	√√√	√√	√√

二、医疗机构与医疗保险机构一体化

医疗机构与医疗保险机构一体化指的是二者作为一个整体，既为被保险人提供医疗服务，又收取被保险人的保费，医疗费用的支付方式为该整体的内部支付。

威廉姆森的纵向一体化理论为医疗机构与医疗保险机构的一体化提供了理论基础。他指出，经济生活中有一种无所不在的摩擦力，而这种摩擦力就是交易费用。他认为医疗机构与医疗保险机构的合并可以减少交易费用，减少信息不对称带来的成本。纵向一体化可以使交易费用内部化，较少因虚假报告治疗结果带来的风险和损失，实现预期的一致性，可以降低制度制定和调整成本，威廉姆森还认为，纵向一体化在一定程度上替代市场的作用，实现契约的完备性。①

基于这种一体化管理思想，美国推出了医疗保险经营管理一体化的改革方案，即管理式医疗（Managed care）。它主要通过医疗保险机构与医疗服务供方签约，形成一个密切合作的服务系统，由医疗保险方对医疗服务进行经营管理、审查和评估等。它主要采用的是一体化的支付方式，保险机构向医疗服务供方支付相对固定的医疗费，医疗服务供方在预付的费用范围内，向

① 彭德琳．新制度经济学［M］．湖北：湖北人民出版社，2002：87–98.

参保人群提供一套综合、连续的预防、医疗、保健服务。这些服务费用的合理性和质量水平与供方的经济利益直接相关，即医疗机构服务效率越高，质量越好，费用越低，则利润或收益越多。近年来美国医疗费用增长速度下降，主要归因于这种一体化管理方式的普遍实施。

一体化方式的优点：

（1）由于一体化方式使医疗机构与医疗保险机构成了一个整体，既收取被保险人的保险费，同时又负责为他们提供所需的医疗服务，增强了实行一体化方式的保险机构主动控制医疗成本的积极性。因此，医院的利用率往往较低，基本医疗费用也相对较低，有利于控制医疗保险费用的不合理增长。同时，由于一体化方式减少了一个医疗保险系统的“第三方”，也减少了医疗保险的管理费用，管理成本较低。

（2）为了达到为患者的健康全面负责，一体化方式为其参保者提供的服务具有较好的连续性和综合性。治疗服务是连续的，而不是完全分离的，并重视疾病的预防，早发现、早治疗，而不是仅仅注重治疗。

（3）由于一体化方式的参保者向医疗保险机构按人头支付医疗费用，为了尽可能降低服务成本，医疗保险机构比较强调患者对基本医疗保健服务的获取和利用，有利于控制卫生服务的过度利用，减少卫生资源的浪费。

（4）从现实性来考虑，我国的医疗保险机构是政府主导型机构，被界定为事业单位，与市场型的商业医疗保险有本质的区别。将医疗保险机构与医疗服务的供方进行合并之后，可以有效规避信息不对称带来的报告虚假信息，减少制度成本和信息成本，将医生诱导需求的外部成本内部化。

一体化方式的缺点：

（1）由于医疗机构和医疗保险机构已经成了一个整体，因此，患者就医的选择性受到限制，特别是对先进医疗技术和服务的选择。

（2）一体化方式对医务人员实行按工资付酬，不利于充分调动医务人员的工作积极性，可能会影响对患者的服务态度和服务质量。

除了上述对医疗服务供方的控制措施外，我们还可以对其实施惩罚措施和设置医疗服务最低标准，来激励其提高医疗服务质量和减少诱导需求，惩罚的结果可以对患者公开，一方面对供方进行反向激励，另一方面可以降低患者择医时的信息搜寻成本。

第四节 针对政府的改革

一、政府卫生投入改革

当前，我国公立医院对经济利益的追求主要原因在于政府对医院的财政补贴占医院总收入的比例过少，医院为了生存不得不以经济利益最大化为目标，这就导致了我国公立医院对公益性的偏离。为了让医院回归公益性，提高医疗服务质量，有必要对政府的卫生投入进行相应的改革。

（一）当前政府卫生支出的特点

第一，政府卫生支出占卫生总费用的比例偏低。从表 8-2 中我们可以看出，从 1978—1986 年，政府卫生支出的比重不断升高，表现为政府对医疗卫生事业的不断重视。自 1987—2002 年，政府卫生支出占卫生总费用的比例持续下降，个人卫生支出比重不断增加，二者比例之差不断扩大。直到2003年，政府由于受到非典疫情对全国的影响，支出比例略有所回升。近年来由于医药卫生体制改革的实施，政府增加了对医疗卫生事业的投入，政府卫生支出占卫生总费用的比重不断上升，然而如果要体现医疗保险制度的公益性和福利性，就必然要求政府继续增加对医疗卫生事业的投入。

表 8-2 改革开放以来我国卫生总费用构成

（单位：%）

年份	政府卫生支出	社会卫生支出	个人卫生支出	年份	政府卫生支出	社会卫生支出	个人卫生支出
1978	32.2	47.4	20.4	1998	16.0	29.1	54.8
1979	32.2	47.5	20.3	1999	15.8	28.3	55.9
1980	36.2	42.6	21.2	2000	15.5	25.6	59.0
1981	37.3	39.0	23.7	2001	15.9	24.1	60.0
1982	38.9	39.5	21.6	2002	15.7	26.6	57.7
1983	37.4	31.1	31.5	2003	17.0	27.2	55.9
1984	37.0	30.4	32.6	2004	17.0	29.3	53.6
1985	38.6	33.0	28.5	2005	17.9	29.9	52.2
1986	38.7	34.9	26.4	2006	18.1	32.6	49.3

续表

年份	政府卫生支出	社会卫生支出	个人卫生支出	年份	政府卫生支出	社会卫生支出	个人卫生支出
1987	33.5	36.2	30.3	2007	22.3	33.6	44.1
1988	29.8	38.9	31.3	2008	24.7	34.9	40.4
1989	27.3	38.6	34.1	2009	27.5	35.1	37.5
1990	25.1	39.2	35.7	2010	28.7	36.0	35.3
1991	22.8	39.7	37.5	2011	30.7	34.6	34.8
1992	20.8	39.3	39.8	2012	30.0	35.7	34.3
1993	19.7	38.1	42.2	2013	30.1	36.0	33.9
1994	19.4	36.6	43.9	2014	30.0	38.1	32.0
1995	18.0	35.6	46.4	2015	30.5	40.3	29.3
1996	17.0	32.3	50.6	2016	30.0	41.2	28.8
1997	16.4	30.8	52.8				

数据来源：中华人民共和国国家卫生和计划生育委员会. 2017 中国卫生和计划生育统计年鉴 [M]. 北京，中国协和医科大学出版社，2017：91.

第二，政府卫生投入以地方财政支出为主。从表 8–3 可以看出，中央财政用于卫生事业的支出占全国财政用于卫生事业支出的比重始终低于 3%，仅在 2003 年在非典疫情的影响下略有上升。近年来，虽然全国财政卫生支出总额在不断攀升，但是中央财政卫生支出的比例越来越低，地方财政的负担越来越大。

表 8–3 1991—2016 年政府财政用于卫生事业支出情况

年份	全国财政卫生支出（亿元）	中央财政卫生支出（亿元）	地方财政卫生支出（亿元）	中央财政卫生支出占全国财政卫生支出的比例（%）	地方财政卫生支出占全国财政卫生支出的比例（%）
1991	145.53	3.77	141.76	2.59	97.41
1992	167.23	4.05	163.18	2.42	97.58
1993	201.77	4.34	197.43	2.15	97.85
1994	257.29	5.56	251.73	2.16	97.84
1995	297.31	5.99	291.32	2.00	98.00
1996	348.86	7.00	341.86	2.00	98.00
1997	390.71	7.83	382.88	2.00	98.00
1998	414.85	8.62	406.23	2.08	97.92
1999	445.68	7.19	438.49	1.62	98.38
2000	489.71	7.32	482.39	1.50	98.50

续表

年份	全国财政卫生支出（亿元）	中央财政卫生支出（亿元）	地方财政卫生支出（亿元）	中央财政卫生支出占全国财政卫生支出的比例（%）	地方财政卫生支出占全国财政卫生支出的比例（%）
2001	569.30	11.76	557.54	2.07	97.93
2002	635.04	17.25	617.79	2.72	97.28
2003	778.05	22.07	755.98	2.84	97.16
2004	854.64	22.39	832.25	2.62	97.38
2005	1036.81	21.26	1015.55	2.05	97.95
2006	1320.23	24.23	1296.00	1.84	98.16
2007	1989.96	34.21	1955.75	1.72	98.28
2008	2757.04	46.78	2710.26	1.70	98.30
2009	3994.19	63.50	3930.69	1.59	98.41
2010	4804.18	73.56	4730.62	1.53	98.47
2011	6429.51	71.32	6358.19	1.11	98.89
2012	7245.11	74.29	7170.82	1.03	98.97
2013	8279.90	76.70	8203.20	0.90	99.07
2014	10176.80	90.25	10086.56	0.89	99.11
2015	11953.18	84.51	11868.67	0.71	99.29
2016	13158.80	91.16	13067.61	0.69	99.31

数据来源：根据中华人民共和国国家统计局《中国统计年鉴》（1992—2017）中的数据整理计算得出。

第三，政府财政补贴占医院总收入的比例偏低。从表 8-4 可以看出，我国政府财政对综合医院的补助始终处于较低水平，不足 10%。综合医院的收入超过 90% 主要来源于业务收入和药品收入。政府财政对医院的补助不足导致医院对公益性和福利性的偏离。医院为了对医疗服务成本的补充以及维持自身的生存和发展，不得不在检查、药品等方面对患者进行诱导需求。

表 8-4　2005—2016 年我国政府财政对综合医院补助情况

指标名称 \ 年份	2005	2006	2007	2008	2009	2010
平均每所医院总收入（万元）	5575.6	6163.8	7506.5	9283.1	11494.9	13906.1
财政补助收入（万元）	333.3	393.6	523.4	646.9	850.2	997.8
财政补助收入占医院总收入的比重（%）	5.98	6.39	6.97	6.97	7.14	7.18
指标名称 \ 年份	**2011**	**2012**	**2013**	**2014**	**2015**	**2016**
平均每所医院总收入（万元）	16916.5	20566.3	23765.1	27341.1	31210.1	35007.1

续表

年份 指标名称	2005	2006	2007	2008	2009	2010
财政补助收入（万元）	1313.2	1527.7	1691.4	1911.0	2555.3	2911.1
财政补助收入占医院总收入的比重（%）	7.76	7.43	7.12	6.99	8.19	8.32

数据来源：中华人民共和国国家卫生和计划生育委员会. 2017 中国卫生和计划生育统计年鉴 [M]. 北京：中国协和医科大学出版社，2017：105. 比重部分由作者根据数据整理计算得出。

第四，政府卫生投入效果不明显。我们通过居民健康水平来衡量政府卫生投入的效果。从表 8-5 中可以看出，随着时间的推进，居民两周患病率无论是城市还是农村，都没有得到明显的改善，特别是农村，居民的两周患病率不降反升。接下来通过表 8-6 来看居民两周患疾病严重程度。我们选定了四个指标，其中每千人患病天数与卧床天数在 1993—2008 年期间分别上升 420 天和 62 天。我们已经知道政府卫生支出的数额随着年份的增加而增加，但从下列数据可以看出政府卫生投入的效果并不明显，这说明政府卫生投入并未对人们健康水平的提高起到明显的作用。

表 8-5 选定年份调查地区居民两周患病率

（单位：%）

年份	合计	城市	农村
1993	14.0	17.5	12.8
1998	15.0	18.7	13.7
2003	14.3	15.3	14.0
2008	18.9	22.2	17.7
2013	24.1	28.2	20.2

数据来源：中华人民共和国国家卫生和计划生育委员会：《2005 年中国卫生统计年鉴》《2012 年中国卫生统计年鉴》《2017 年中国卫生统计年鉴》。

表 8-6 选定年份调查地区居民两周患疾病严重程度

年份 指标	1993	1998	2003	2008	2013
每千人患病天数	1117	1257	1093	1537	2237
每千人休工天数	239	308	194	90	141

续表

	1993	1998	2003	2008	2013
每千人休学天数	88	89	50	40	24
每千人卧床天数	123	113	170	185	169

数据来源：中华人民共和国国家卫生和计划生育委员会：《2005 年中国卫生统计年鉴》《2012 年中国卫生统计年鉴》《2017 年中国卫生统计年鉴》。

（二）政府卫生投入改革建议

第一，增加政府卫生投入，增强政府对医疗卫生事业的责任感。我国自实行市场经济体制改革以来，也对医疗卫生行业中引入了市场化改革，公立医院也偏离了公益性和福利性，开始了市场化竞争。事实上，强调医疗卫生行业的市场化改革是片面的，医疗服务的特殊性决定了医疗卫生行业必须走公益化道路，医疗服务必须界定为准公共物品。国外经验已经证明，一味地引入市场化，最终的结果只能是使医疗服务变成奢侈品。世界卫生组织在 2000 年对世界各国的医疗卫生公平性做了评估，我国在 191 个评估国家中列倒数第 4 位，这一方面说明我国医疗卫生公平性过低，另一方面也说明我国政府的卫生投入过低。因此，为了医疗卫生事业的公益性与公平性，政府必须增加投入，增强对医疗卫生事业的责任感。

第二，调整政府财政支出结构，保障卫生公平。当前我国中央财政卫生支出占全国财政卫生支出的比重过低，医疗卫生投入几乎全靠地方财政。由于我国各地区经济发展水平不均衡，势必会造成东西、城乡之间的医疗水平差异。东部地区、城市经济实力强，政府财政收入高，对医疗卫生的支出多，而西部地区、乡镇农村经济实力差，政府财政收入低，对医疗卫生的支出少，为此，政府对医疗卫生的计划不应当主要由地方财政来承担，应该由中央财政和地方财政统筹规划。如此一来，才能优化政府财政支出结构，保障全国各地区医疗卫生公平。

第三，增加政府对公立医院的财政补助，弱化公立医院对医疗创收收入的依赖。当前我国公立医院的总收入中政府的财政补助不足 8%，远远不足以对医院医疗服务成本进行补偿。为了维持自身生存和发展，医院不得不走上“诱导需求”的道路，这不仅对患者也对社会医疗保险带来了经济负担。因此，为了保障公立医院的公益性，减少诱导需求的发生，政府必须对公立医院增加财政补助，缓解公立医院的经济压力，确保公立医院对公益性的回归。

第四，增加政府卫生投入的效率。政府卫生投入增加的目的在于提升人民群众的健康素质，以上居民健康水平的指标表明政府卫生投入存在低效。为了提高政府对资金的使用效率，必须从影响资金使用的外部因素和内部因素综合治理。外部因素在于继续推进医药卫生体制改革，从制度上保证政府对资金使用的高效，内部因素在于要精简卫生行政部门，提高管理效率，降低因人员冗余、管理链长带来的管理成本。此外还应建立医疗卫生资金的监督机制，确保资金使用到位，避免资金被挪为他用，造成流失。

二、改革药品传统销售模式，控制药价虚高

从上一章的模型推导我们可以得知，医生对患者进行诱导需求的动力在于医疗服务具有利润空间。从现实生活中来看，医生为了追求个人利益最大化，往往会给患者多开药，开贵药。我们从表 8-7 可以看出，从 2005—2011 年，平均每所医院的总收入中药品收入始终超过四成，2011 年后，尽管药品收入占总收入的比重有所下降，但总体比例依然很高。药品收入是医院总收入的一个重要来源。同时，药品支出也是社会医疗保险费用支出的一个重要来源。现阶段，药品生产状况混乱，药品流通体制不合理，造成药价虚高。不合理的药价同样会导致我国社会医疗保险费用的不合理上升。

表 8-7 2005—2016 年平均每所医院总收入中药品收入的情况

指标名称 \ 年份	2005	2006	2007	2008	2009	2010
平均每所医院总收入（万元）	5575.6	6163.8	7506.5	9283.1	11494.9	13906.1
药品收入（万元）	2383.6	2559.4	3127.6	3924.5	4846.8	5824.9
药品收入占总收入的比重（%）	42.8	41.5	41.7	42.3	42.2	41.9
指标名称 \ 年份	2011	2012	2013	2014	2015	2016
平均每所医院总收入（万元）	16916.5	20566.3	23765.1	27341.1	31210.1	35007.1
药品收入（万元）	6817.3	8139.3	9076.7	10187.9	11070.5	11732.4
药品收入占总收入的比重（%）	40.3	39.6	38.2	37.3	35.5	33.5

数据来源：卫生部统计信息中心：《2012 中国卫生统计年鉴》；中华人民共和国国家卫生和计划生育委员会. 2017 中国卫生和计划生育统计年鉴 [M]. 北京：中国协和医科大学出版社，2017：103.

在朱恒鹏（2007）看来，药品的零售价包括研发成本、生产成本、销售费用、药品企业利润、批发商加价、医生及其他人员回扣、医疗机构回购、医疗机构进销加价。[①]如此多的药品流通环节造成了药价的虚高。而药价虚高的根本原因在于公立医院对药品零售环节上的垄断。因此，控制药价虚高的关键在于打破垄断。为此，政府需要做出的努力是：

第一，打破公立医院在药品零售环节的垄断。放开社会药店对处方药的零售权，并且在处方药品价格上与公立医院保持一致。医生处方对患者公开，患者既可以在公立医院买药，也可以在社会药店买药，如此一来，充分的市场竞争可以打破公立医院对药品销售的垄断，药价也会由于竞争趋于接近供给成本，药品利润空间的缩小可以有效约束医生的诱导需求，进而控制医疗保险费用的上涨。

第二，破除冗繁的药品销售模式，减少药品流通环节，形成合理的价格机制。当前的药品流通环节混乱复杂，每一个流通环节都会产生加价行为，流通环节越多，药品价格中非成本比例越高。为了使药品价格形成机制趋于合理化，必须精简流通环节，这一点我们可以借鉴美国先灵葆雅公司发明的DTC销售模式，在这种模式下，制药公司直接面向患者，通过对患者的指导，使患者对自身疾病和药品具有充分的了解和自主选择能力。这种模式完全去除了药品流通的中间环节，从而合理地控制了药价的不合理上涨。

第五节　建立健全医疗信息公开制度

由于医疗服务的特殊性，医疗服务市场与医疗保险市场存在着天然的信息不对称。患者在择医时对医院及医生提供的医疗服务质量、价格均不了解，也就无法与其他医院或医生进行对比选择，就医后对医生提出的治疗方案和治疗数量，也缺乏专业判断，只能被动接受，没有讨价还价的能力。而对于医疗保险机构而言，所能得到的信息只能是患者数量、疾病类型、就医次数和最终的费用，而对期间的治疗即费用产生过程知之甚少，医疗保险机构只能按照报销条款进行费用结算。

---

① 朱恒鹏 . 医疗体制弊端与药品价格扭曲 [J]. 中国社会科学 . 2007（4）.95.

不完全信息是医疗服务市场和医疗保险市场产生道德风险的根源，同时也是造成社会医疗保险费用不合理上升的最根本原因。为此，必须建立健全信息公开机制，使医疗机构、患者、医疗保险机构之间的信息公开、透明，实现三方的信息对接，减少因信息不完全带来的市场失灵和费用上升。

一、建立医疗机构信息公开制度

建立医疗机构信息公开制度，要求医疗机构向社会公开以下信息：

（1）药品名称及价格；

（2）检查项目名称及价格；

（3）医疗服务项目名称及价格；

（4）每一位医生的基本信息，包括学历，从业年限，擅长领域等；

（5）同一种疾病治疗包含的信息，包括诊断医生，诊断结果，所做的检查项目名称，药品数量及名称，总费用等。此外，还应当公开医疗机构及患者对医院和医生的评价信息。

建立医疗信息公开制度的优点在于：

（1）减少患者在择医时的信息搜寻成本。患者可以在各医院和医生之间就价格、费用进行横向比较，增强择医的主动权，如果医生对患者多开药、开贵药，患者也可以根据该医生既往的治疗方案和医疗费用来进行讨价还价。

（2）提高医疗保险机构对定点医院的选择能力。通过医疗机构公开的信息，医疗保险机构可以据此得出各项统计指标和分析结果，继而对各医院的价格、诊断、费用等方面有全面的了解，如果通过审查发现某一治疗方案的医疗费用存在异常，可以和既往病历进行对比分析，便于医疗保险机构控制医疗保险费用的支出。

（3）实行医疗机构信息公开制度，还有利于医院和医生加强自身监督，提高医疗服务质量，降低医疗服务成本，以此在医疗服务市场上获得良好的声誉，创造更多的医疗服务需求。

二、建立医疗机构评价机制

当前，我国根据医院的功能、设施、技术力量等对医院资质进行评级划分。经过政府对医院的评审，我国的医院共分为三级十等，符合标准的医院发给铭牌。由此可见，当前我国医院的等级标准主要来自硬件设施，而医疗服务态度、质量、患者满意程度等因素未列入评价标准。

患者就医的目的在于少花钱、治好病。因此患者在选择医院和医生不仅要衡量医院的硬件设施和医生的资质，还会在医生服务态度、治疗方案、治疗费用、治疗效果等方面进行综合考量。为此，必须建立以各种软件因素为标准的评价机制。每一位患者在就医后，以病历本号和真实姓名对医院服务条件和每一位职业医生进行综合评价，具体包括医院设施、就医便利程度、医生服务态度、诊断结果、所做的检查项目、医生开具的药品数量和价格、总医疗费用、治疗效果、满意程度等，系统对外必须隐去患者的真实身份以保护其安全和隐私，每位患者承诺对所提供信息真实有效。评价结果作为医院和医生评定级别的参考因素。

建立医疗机构评价机制的优点在于：

（1）患者在择医时不仅可以参考医疗机构公开的信息，还可以参考同一病种的患者对医院和医生的评价，减少因缺乏专业医疗知识带来的信息不对称，增加就医选择权。

（2）评价机制有助于形成对医院和医生的激励，督促其提高工作效率，进行医疗设施的革新和医疗服务质量的改善。

（3）有助于医疗保险机构对定点医院的管理和审查。对于评价高、信誉好的医院，医疗保险机构可以实行免检政策，延长合同期限，对其医疗保险费用的结算实行零拒付，根据实际情况进行结算；而对于评价低，信誉差的医院，医疗保险机构要对其进行重点监管，进行相应的惩罚，或取消定点资格。

三、建立参保患者信息档案

在信息不对称和保险第三方支付存在的前提下，患者有动力对医疗服务过度需求，甚至为了共同的利益和医生进行合谋，一般表现为多开药，开与疾病不相关的药，延长住院时间，篡改病历联合医生骗取医保基金等。为了减少患者的道德风险带来的医疗保险费用的上涨，医疗保险机构必须建立参保患者的个人信息档案，以加强对参保患者的健康信息的了解，有效避免患者过度治疗、重复治疗和虚假治疗，减少对社会医疗卫生资源的浪费。

医疗保险机构对参保患者的信息档案要包括两个部分，第一部分是患者的个人健康信息档案，包括年龄、既往病史、过敏史等，便于医疗保险机构掌握其个人健康信息；第二部分是患者的个人诚信档案，包括患者参保历史信息以及是否出现过度医疗或骗保行为的记录，便于医疗保险机构对其进行监督管理。

建立参保患者信息档案的优点在于：

（1）将信息档案分为两个部分便于医疗保险机构进行管理和审查；

（2）通过参保患者健康信息档案医疗保险机构可以估算出参保患者的疾病种类、医疗费用范围，避免参保患者过度医疗；

（3）通过参保患者的个人诚信档案医疗保险机构可以对参保患者实行分类管理，对信誉较好的参保患者，医疗保险机构可以实施零拒赔、据实赔付的政策，对信誉较差的参保患者，医疗保险机构要对其实施重点监督，对所发生的医疗费用进行逐一审查，如果发现其有篡改病史、联合骗保、为他人看病购药等行为，实施相应的惩罚或移交司法部门追求其法律责任。

（4）督促参保患者文明就医，合理消费，强化参保患者的节约意识，提高医疗保险基金的利用效率，控制医疗保险费用的不合理上升。

第六节　小结

本章是在前几章分析研究以及本书模型的结论基础上得出的控制医疗保险费用不合理上升的政策建议。按主体的不同，本章分别针对医疗服务的需方、供方、政府和信息提出了相应的政策建议。

对于医疗服务的需方来说，需要设置合理的医疗保险费用共保率、起付线、封顶线来对其医疗服务的过度消费进行有效约束。此外，还可以通过设置报销范围、奖惩机制和加强健康教育来进行约束和引导。

对于医疗服务的供方来说，将传统的后付制改为预付制可以有效地控制医疗费用的支出。预付制的主要形式有总额预付制、按病种支付和按人头支付。此外，将供方与医疗保险机构合二为一，外部支付变为整体的内部支付，有助于将来自供方的诱导需求外部成本内部化，减少信息成本。

对于政府来说，需要增加卫生投入，加强对医疗卫生事业的责任感；调整财政支出结构，保障地区间卫生公平；增加对公立医院的财政补偿，使公立医院回归公益性；增加卫生投入的效率，全面提高人民群众的健康水平。此外，政府还应当打破公立医院对药品零售权的垄断，精简药品流通环节，合理控制药价。

从信息方面来说，由于不完全信息是导致医患产生道德风险的根源，因此必须建立健全医疗信息公开制度，减少信息搜寻成本和信息不完全带来的医疗保险费用的不合理上升。公开的医疗信息制度具体包括建立医疗机构信息公开制度、建立医疗机构评价机制、建立参保患者诚信档案。

结束语

近年来，主要由医疗保险费用支出而带来的医疗费用、卫生总费用的增长，已经成为我国医药卫生体制改革所面临的一个重要问题。如果不能进行有效的控制，会影响社会医疗保险制度的基础保障作用有效的发挥和社会医疗保险体系的发展完善。如何控制医疗保险费用的过快增长同样也是世界各国面临的难题。

本书的研究结论主要有：

第一，社会医疗保险费用是我国医疗费用增长、卫生总费用增长最重要的影响因素。

第二，我国医疗保险费用的上升分为两个方面，一方面是基于合理的原因如经济发展、收入提高、医疗技术进步、人民群众对健康的重视等，另一方面是不合理的增长，如诱导需求、恶意骗保等。

第三，我国社会医疗保险费用的不合理上升主要由两方面的因素造成，分别是历史性、制度性的因素和医疗服务中的信息不对称导致的道德风险。两者相辅相成，形成了我国医疗保险费用不合理上升的现状。

第四，本书对CTAM模型的修正和推导以及对国外对医疗保险费用的控制研究，分别针对医疗服务的需方、供方、支付方和信息不对称提出了相应的政策建议。

医疗保险费用的过快增长，已经引起了许多国家的重视，在理论方面已经进行了长时间的研究，控制方面也进行了相关的政策实践。对于我国这样一个发展中国家来说，这项工作显得更为重要和迫切。合理控制医疗保险费用，对于保障人民群众的根本利益、医疗资源的有效配置、医疗保险事业的健康发展，意义深远。但是基于我国当前的国情、医疗保险事业发展的历史，这项工作任重道远。

医疗保险费用的控制是一个世界性难题。本书在这个领域的研究，有了一些的创新，但由于作者基础理论不够扎实、相关问题研究不够深入，文章的不足之处也是显而易见。

马克思在《资本论》第一卷法文版序言中说："在科学上没有平坦的大道，只有不畏劳苦沿着陡峭山路攀登的人，才有希望达到光辉的顶点。"作者将围绕这个问题，加强对理论及现实问题的研究。

参考文献

［1］马克思．资本论（第一卷）［M］．北京：人民出版社，1975：26.

［2］陈文玲，易利华.2011 年中国医药卫生体制改革报告［M］．北京：中国协和医科大学出版社，2011：9.

［3］程晓明．医疗保险学［M］．上海：复旦大学出版社，2003.

［4］仇雨临．医疗保险［M］．北京：中国劳动社会保障出版社，2008.

［5］储振华．国外卫生经济学概论［M］．南京：南京大学出版社，1991：79–93.

［6］［英］多纳德·海，德理克·莫瑞斯．产业经济学与组织（上册）［M］．钟鸿钧等，译．北京：经济科学出版社，2001：11–21.

［7］高鸿业．西方经济学——微观部分（第二版）［M］．北京：中国人民大学出版社，2001.

［8］［美］雷克斯福特·E·桑特勒，［美］斯蒂芬·P·纽恩．卫生经济学——理论、案例和产业研究［M］．程晓明等，译．北京：北京大学医学出版社，2006：344–357.

［9］卢祖洵．社会医疗保险学［M］．北京：人民卫生出版社，2003.

［10］［美］舍曼·富兰德等．卫生经济学（第 5 版）［M］．王健等，译．北京：中国人民大学出版社，2010.

［11］彭德琳．新制度经济学［M］．湖北：湖北人民出版社，2002：87–98.

［12］孙树函，朱丽敏．社会保险学（第二版）［M］．北京：中国人民大学出版社，2008.

［13］［美］索特曼，布赛，菲盖拉斯．社会医疗保险体制国际比较［M］．张晓，译．北京：中国劳动社会保障出版社，2009：23–24.

［14］［美］詹姆斯.M. 亨德森．健康经济学（第 2 版）［M］．向运华等，译．北京：人民邮电出版社，2008.

［15］张晓，刘蓉．社会医疗保险概论［M］．北京：中国劳动社会保障出版社，2004.

［16］毕金龙．医疗保险费用支付方式的影响因素研究［J］．人口与经济，2010（增刊）：128–129.

［17］陈翔等．社会医疗保险的信息不对称问题探析［J］．中国卫生事业管理，2010（12）：821–823.

［18］陈心广，魏晟，绕克勤．中国城市基本医疗服务需求弹性经济学模型研究［J］．中国卫生经济，1996（2）：55–57.

［19］陈岩．某医院省级医疗保险费用增长原因与对策［J］．中国卫生经济，2013（4）：63–64.

［20］陈永升. 医疗保险中医疗供方道德风险行为分析［J］. 新疆财经学院学报，2002（4）：35–37.

［21］储振华，李国鸿. 国外医疗保险费用控制［J］. 国外医学（卫生经济分册），1997（2）：53–62.

［22］储振华. 新加坡医疗制度的改革与实施［J］. 国外医学（卫生经济分册），1994（4）：145–148.

［23］戴伟辉等. 社会医疗保险的医疗费用函数建模分析［J］. 中国卫生经济，2005（5）：31–34.

［24］方鹏骞等. 城镇职工基本医疗保险费用控制策略研究［J］. 中国卫生事业管理，2009（5）：313–315.

［25］高红贵，王文胜，陈燕埃. 米・芬克尔斯对卫生经济学的贡献——2012 年度约翰・贝茨・克拉克奖得主学术贡献评介［J］. 经济学动态，2012（5）：99–104.

［26］葛煦等. 医保患者住院常见病的医疗费用及影响因素分析［J］. 第四军医大学学报，2005（10）：938–940.

［27］郭静，王鸿勇. 日本医疗保险制度改革的借鉴［J］. 国外医学（卫生经济分册），2006（1）：6–9.

［28］郭永松等. 社会医疗保险中需方制约机制的研究［J］. 中国卫生事业管理，2004（9）：540–542.

［29］郭有德. 医疗保险中道德风险的经济学分析［J］. 复旦学报（社会科学版），2011（1）：116–123.

［30］何平平. 我国医疗支出增长因素研究［D］. 北京：北京邮电大学，2007.

［31］洪波. 中国基本医疗保险医疗成本的控制机制［J］. 理论与改革，2013（2）：68–71.

［32］侯建林等. 美国卫生费用上涨和控制及对我国的启示［J］. 中国卫生政策研究，2010（12）：42–50.

［33］胡爱平. 我国医疗保险制度医疗费用风险分担探讨［J］. 上海保险，2001（5）：7–8.

［34］胡牧等. 对我国医疗价格形成机制的分析与建议［J］. 国外医学（医院管理分册），2002（1）：10–14.

［35］胡苏云. 医疗保险中的道德风险分析［J］. 中国卫生资源，2000（3）：128–129.

［36］胡洋等. 政府医疗费用增长的政策研究［J］. 医学与社会，2007，20（10）：9–11.

［37］黄存瑞，叶文彬，李国鸿. 英国社区卫生服务制度及启示［J］. 国外医学（卫生经济分册），2004（4）：150–154.

［38］黄枫等. 医疗保险中的道德风险研究——基于微观数据的分析［J］. 金融研究，2012（15）：193–216.

［39］黄李凤等. 我国医疗保险与医疗机构互动的研究综述［J］. 中国卫生事业管理，2012（12）：913–915.

［40］黄思桂. 浅议医疗保险费用的控制［J］. 中华医院管理杂志，2002（11）：687–688.

［41］贾洪波．论基本医疗保险中住院费用的需方控制［J］．中国卫生经济，2012（12）：11–13.
［42］姜子霞等．医疗保险费用结算办法浅谈［J］．山东经济，2002（4）：41–42.
［43］蒋涌．论公共财政医疗支出的投入方向［J］．湖北经济学院学报（人文社会科学版），2010（5）：63–64.
［44］金春林．控制医疗保险费用的策略重点应着眼于宏观层面［J］．中国卫生资源，2011（6）：250–252.
［45］孔凡玲等．山东省医疗服务需求影响因素的导数和点弹性分析［J］．预防医学论坛，2005（11）：99–101.
［46］李纪福等．试论医疗保险费用控制中的责任约束［J］．中国卫生经济，2001（1）：46–48.
［47］李娟．我国社会医疗保险中道德风险的表现［J］．卫生软科学，2005（12）：418–420.
［48］李军山等．社会医疗保险付费方式的博弈研究［J］．系统工程理论与实践，2008（11）：36–41.
［49］李军山等．医疗保险付费方式研究综述［J］．卫生经济研究，2007（10）：17–20.
［50］李军山等．医疗保险市场中的道德风险及其规避策略［J］．金融与经济，2007（5）：57–59.
［51］李立新．美国医改经验对我国的启示［J］．经济研究参考，2013（52）：39–40.
［52］李玲等．昆明市退休职工与在职职工医疗保险费用对比分析［J］．中国卫生经济，2006（7）：31–33.
［53］李玮等．存在道德风险的我国基本医疗保险体系中各市场主体行为分析［J］．预测，2003（1）：46–49.
［54］李晓辉等．社会医疗保险中混合式医疗费用支付方式的探索［J］．河南大学学报（社会科学版），2011（3）：81–86.
［55］李秀娟等．医疗费用增长的原因及对策思考［J］．卫生软科学，2002（6）：25–27.
［56］李雅琳，杨青青．城镇职工医疗保险费用支付方式的研究综述［J］．思想战线，2011（S1）：306–310.
［57］李长平等．基于“三方四体”的医疗保险费用控制策略研究［J］．中国卫生事业管理，2011（10）：751–753.
［58］梁春贤．我国医疗保险费用支付方式问题的探讨［J］．财政研究，2007（8）：71–73.
［59］梁维萍等．农村居民收入与医疗服务需求及其弹性研究［J］．中国农村卫生事业管理，2005，25（10）：15–17.
［60］林枫．城镇居民基本医疗保险费用补偿［J］．中国社会保障，2007（3）：44–46.
［61］林枫．居民医保费用支付方式如何选［J］．中国社会保障，2007（4）：46–47.
［62］林枫．也谈居民医保的费用控制［J］．中国社会保障，2007（10）：50–51.
［63］刘军强，刘凯，曾益．医疗费用持续增长机制——基于历史数据和田野资料的分析

[J]. 中国社会科学，2015（8）：104–125.
[64] 刘君等. 医疗保险混合支付方式研究 [J]. 保险研究，2010（7）：40–45.
[65] 刘丽娜，徐凌中，王兴州等. 我国城乡门诊医疗服务需求弹性研究 [J]. 中国卫生经济，2006，25（7）：34–36.
[66] 刘利娜等. 公立医院医保支付现状分析 [J]. 中国卫生经济，2013（9）：50–51.
[67] 刘石柱. 支付方式对医疗保险费用控制的实证研究 [J]. 中国卫生事业管理，2012（12）：909–912.
[68] 刘石柱等. 医疗保险费用影响因素及控制对策 [J]. 中国卫生经济，2012（8）：33–35.
[69] 刘石柱等. 支付方式对医疗保险费用控制的实证研究——以江苏镇江市为例 [J]. 中国卫生事业管理，2012（12）：909–912.
[70] 卢洪友，连玉君，卢胜峰等. 中国医疗服务市场中的信息不对称程度测算 [J]. 经济研究，2011（4）：94–106.
[71] 罗琪等. 医疗保险按病种付费研究综述 [J]. 中国卫生事业管理，2012（4）：264–267.
[72] 罗卫国等. 医疗保险和控制医疗费用关系研究 [J]. 江西社会科学，2000（12）：220–222.
[73] 马蔚姝. 医疗保险费用影响因素的路径分析 [J]. 中国卫生统计，2011（4）：126–128.
[74] 孟庆跃. 医疗保险支付方式改革对费用控制的影响分析 [J]. 卫生经济研究，2002（9）：8–21.
[75] 孟庆跃. 支付方式改革慎行 [J]. 中国医院院长，2012（9）：79.
[76] 彭晓博，秦雪征. 医疗保险会引发事前道德风险吗？理论分析与经验证据 [J]. 经济学（季刊），2015（1）：159–184.
[77] 秦雪征等. 我国基本医疗保险制度的激励与监督机制——基于道德风险的分析 [J]. 技术经济与管理研究，2012（8）：75–79.
[78] 孙翠勇等. 新医改背景下的医疗保险道德风险规避研究 [J]. 中国卫生事业管理，2013（9）：665–667.
[79] 孙雪岭等. 医疗保险费用支付方式的选择分析 [J]. 现代预防医学，2012（23）：6185–6186.
[80] 唐立健，沈其君，邹鸣飞等. 农村合作医疗的需求价格弹性分析 [J]. 中国卫生经济，2007，26（4）：53–55.
[81] 陶裕春等. 我国社会医疗保险费用的实证分析 [J]. 中国卫生经济，2010（6）：18–21.
[82] 汪丹梅等. 中美医疗保险支付方式的比较分析及启示 [J]. 中国经贸导刊，2013（8）：23–26.

［83］汪国华，张成杨. 社会医疗保险费用控制机制研究［J］. 社会科学研究，2015（5）：115-122.
［84］汪江. 按病种付费存在的问题及应对策略［J］. 卫生经济研究，2007（10）：46-47.
［85］王阿娜. 医疗费用的控制与医疗保险支付方式的改革［J］. 宏观经济研究，2012（5）：76-79.
［86］王建国等. 医疗保险制度下医疗行为对医疗费用影响研究［J］. 中国医院管理，2006（8）：50-52.
［87］王萍等. 医疗保险费用过度增长的影响因素研究［J］. 财经问题研究，2012（5）：55-60.
［88］王锐，王玉，赵冰凡. 六种疾病不同支付方式住院医疗费用的比较，中国卫生经济，2000（8）.
［89］王卫忠. 实施新型农村合作医疗前后农村居民收入与医疗服务需求及其弹性的比较研究［J］. 中国初级卫生保健，2008（1）：35-36.
［90］王晓屏等. 医疗保险信用等级制度费用控制效果分析［J］. 中国卫生经济，2008（9）：27-29.
［91］王晓燕. 社会医疗保险费用合理分担的理论与实证研究［J］. 江西财经大学学报，2006（6）：42-46.
［92］王晓燕. 社会医疗保险费用控制方案的系统动力学模拟［J］. 财贸研究，2007（4）：64-70.
［93］王永其等. 城镇职工基本医疗保险基金的运行与思考［J］. 卫生经济研究，2001（8）：35-36.
［94］魏梅芳. 我国医疗责任保险的激励机制设计与分析［J］. 卫生经济研究，2010（8）：27-29.
［95］温小霓等. 医疗保险博弈与激励［J］. 西安电子科技大学学报（自然科学版），2006（1）：125-128.
［96］吴传俭. 道德风险与我国社会医疗保险基金安全问题分析［J］. 中国卫生经济，2005（11）：47-48.
［97］吴传俭. 社会医疗保险道德风险博弈与防控措施研究［J］. 医学与哲学（人文社会医学版），2006（7）：49-50.
［98］吴传俭. 医疗保险费用不合理利用的原因与控制措施研究［J］. 中国卫生经济，2005（5）：35-37.
［99］吴晓峰. 德国医疗保险制度改革［J］. 国外医学（卫生经济分册），2000（3）：97-103.
［100］谢春艳等. 我国医疗保险费用支付方式的探索与经验［J］. 中国卫生经济，2010(5)：27-29.
［101］谢明明，王美娇，熊先军. 道德风险还是医疗需求释放？——医疗保险与医疗费用

增长［J］. 保险研究，2016（1）：102–112.
［102］徐伟. 从需求弹性实证的角度谈我国医疗卫生改革［J］. 中国卫生经济，2006，25（11）：19–22.
［103］徐伟. 国际经验对我国医疗保险费用控制机制的启示［J］. 世界经济与政治论坛，2010（2）：162–173.
［104］徐伟. 国际经验对我国医疗保险费用控制机制的启示［J］. 世界政治与经济论坛，2010（2）：162–172.
［105］勇前等. 医疗保险费用控制的临床路径研究——胰腺炎医疗保险费用结算标准的确定［J］. 医学与哲学（人文社会医学版），2006（6）：20–22.
［106］于伟荣. 医疗保险病人和普通自费病人医疗费用比较及影响因素分析［J］. 财贸研究，2006（4）：155–156.
［107］袁艳霞. 医疗保险促进了居民医疗服务消费吗？——基于需方医疗费用分担的实证分析［J］. 消费经济，2016（3）：24–30.
［108］张翠华等. 医疗保险费用供方支付方式对医生行为的影响［J］. 重庆医学，2012（6）：618–620.
［109］张建祥等. 健全制约机制是控制医疗保险费用的关键［J］. 中国劳动，2001（12）：38–39.
［110］张侃等. 谈医疗费用的控制目标［J］. 解放军医院管理杂志，2003（6）：527–528.
［111］张岚等. 四川省医疗保险费用支付方式现状分析［J］. 中国卫生事业管理，2011（9）：667–669.
［112］张笑天. 美国医疗保险制度现状与借鉴［J］. 国外医学（卫生经济分册），2002（3）：98–104.
［113］张亚东. 控制医疗费用的主体与方式研究［J］. 卫生经济研究，2003（11）：18–21.
［114］张忠平等. 上海市部分三甲医院实施医疗保险费用控制政策的抽样调查［J］. 上海交通大学学报（医学版），2007（8）：1014–1017.
［115］赵曼. 社会医疗保险费用约束机制与道德风险规避［J］. 财贸经济，2003（2）：54–57.
［116］赵曼. 中国医疗保险制度改革回顾与展望［J］. 湖北社会科学，2009（7）：60–63.
［117］赵曼等. 关于社会医疗保险承保范围的分析［J］. 财政研究，2002（3）：14–18.
［118］赵小苏等. 我国城镇职工基本医疗保险的道德风险及其防范［J］. 卫生经济研究，2001（7）：17–19.
［119］郑秉文. 信息不对称与医疗保险［J］. 经济社会体制比较，2002（6）：29–33.
［120］郑大喜. 医疗保险费用支付方式的比较及其选择［J］. 中国初级卫生保健，2005（6）：6–9.
［121］郑功成等. 医疗保险水平的确定［J］. 中国社会保险，1998（8）：4–19.
［122］郑云萍等. 我国卫生总费用增长研究［J］. 中国卫生经济，2006（12）：16–18.

[123] 周云. 从国外医疗保障制度看市场与政府的作用 [J]. 国外医学（卫生经济分册），2003（4）：151–154.

[124] 朱恒鹏. 医疗体制弊端与药品价格扭曲 [J]. 中国社会科学，2007（4）：89–103.

[125] 国家卫生计生委统计信息中心.2003 年第三次国家卫生服务调查分析报告，(http：//www.moh.gov.cn/mohwsbwstjxxzx/s8211/201009/49162.shtml).

[126] 国家卫生计生委统计信息中心.2008 年第四次国家卫生服务调查分析报告，(http：//www.moh.gov.cn/mohwsbwstjxxzx/s8211/201009/49165.shtml).

[127] 国家卫生计生委统计信息中心.2013 年第五次国家卫生服务调查分析报告，(http：//www.moh.gov.cn/mohwsbwstjxxzx/s8211/201610/9f109ff40e9346fca76dd82cecf419ce.shtml).

[128] OECD 中文官方网站 (www.oecdchina.org/).

[129] 世界卫生组织.2010 年世界卫生统计，(http：//www.who.int/gho/publications/world_health_statistics/zh/).

[130] 中华人民共和国国家统计局 (http：//data.stats.gov.cn/workspace/index?m=hgnd).

[131] 中华人民共和国国家卫生和计划生育委员会.2005 中国卫生统计年鉴，(http：//www.nhfpc.gov.cn/zwgkzt/ptjnj/201010/49401.shtml).

[132] 中华人民共和国国家卫生和计划生育委员会.2012 中国卫生统计年鉴，(http：//www.nhfpc.gov.cn/htmlfiles/zwgkzt/ptjnj/year2012/index2012.html).

[133] 中华人民共和国国家卫生和计划生育委员会.2017 中国卫生统计年鉴，(http：//www.dxy.cn/bbs/thread/38791286#38791286).

[134] Andersen，R. & B. Lee. *Factors Affecting the Relationship Between Family Income and Medical Care Consumption* [M].Baltimore：Johns Hopkins，1970.

[135] Donaldson，C. & K. Gerard. *Economics of Health Care Financing*：*The Visible Hand*[M].London：MacMillan Press，1993.

[136] Evans，R. G. *Supplier-Induced Demand*：*Some Empirical Evidence and Implications*，The Economics of Health and Medical Care [M].London：Palgrave Macmillan UK，1974，p.162–173.

[137] Fuchs，V. & M. J. Kramer. *Determinants Of Expenditures For Physicians' Services In The United States 1948-1968* [M].Amsterdam：Interaction laser–plasma =. North–Holland，1973：3–8.

[138] Glaser，W. A. *Health Insurance In Practice* [M].San Francisco：Jossey Bass，1991.

[139] Newhouse，J. P. & E. P. Charles. *New Estimates of Price and Income Elasticities of Medical Care Services. The Role of Health Insurance in the Health Services Sector* [M].New York：Neal Watson，1976.

[140] Silver，M. *An Economic Analysis of Variations in Medical Expenses and Work-Loss Rates□ in Empirical Studies in Health Economics* [M].Baltimore：Johns Hopkins，1970.

[141] Starr, P. *The Social Transformation of American Medicine* [M].NewYork: Basic Books, 1982: 112–145.

[142] Stiglitz, J. E. *Economics of Public Sector* (*2nd edition*) [M].New York: W.W.Norton & company, 1988: 290.

[143] Zweifel, P. & F. Breyer. *Health Economics* [M].New York: Oxford University Press, 1997: 60–170.

[144] Ariste, R. & J. Carr. New Considerations On the Empirical Analysis of Health Expenditures In Canada: 1966–1998 [J].*Health Canada, health policy research working paper series*, working paper, 2003: 02–06.

[145] Arrow, K. J. Uncertainty and the Welfare Economics of Medical Care [J].*American Economic Review*, 1963, 53, (5): 941–973.

[146] Bardey, D. & R. Lesur. Optimal health insurance contract: Is a deductible useful? [J]. *Economics Letters*, 2005, 87, (3): 313–317.

[147] Bodenheimer, T. & K. Grumbach. Paying for health care [J]. Jama, 1994, 272, (8): 634–639.

[148] Çağatay, K. Health–Specific Moral Hazard Effects [J]. Southern Economic Journal, 2005, 72, (1): 98–118.

[149] Chiswick, B. R. The Demand for Nursing Home Care: An Analysis of the Substitution between Institutional and Noninstitutional Care [J]. The Journal of Human Resources, 1976, 11, (3): 295–316.

[150] Huttin, C. Income distribution and consumer demand for health services. The case of prescribed medicines in the USA [J]. Applied Economics, 1997, 29, (4): 497–503.

[151] Cooper, B. Medicare managed care: past, present, and future. [J]. Clinical Therapeutics, 1998, 20, (6): 1241–1249.

[152] Cromwell, J. & J. B. Mitchell. Physician–induced demand for surgery [J]. Journal of Health Economics, 1986, 5, (4): 293–313.

[153] Cropper, M. L. Health, Investment in Health, and Occupational Choice [J]. Journal of Political Economy, 1977, 85, (6): 1273–1294.

[154] Di, M. L. Evidence on the Determinants of Canadian Provincial Government Health Expenditures: 1965–1991 [J]. Journal of Health Economics, 1998, 17, (2): 211–228.

[155] Ellis, R. P. & T. G. Mcguire. Supply–Side and Demand–Side Cost Sharing in Health Care[J]. Journal of Economic Perspectives, 1993, 7, (4): 135–151.

[156] Feldman, R. & B. Dowd. A New Estimate of the Welfare Loss of Excess Health Insurance[J]. American Economic Review, 1991, 81, (1): 297–301.

[157] Feldstein, M. S. Hospital cost inflation: A study of nonprofit dynamics [J]. American Economic review, 1971, 61, (5): 853–872.

[158] Feldstein. & S. Martin. The Welfare Loss of Excess Health Insurance [J]. Journal of Political Economy, 1973, 81, (2, Part 1): 251-280.

[159] Finkelstein, A. & K. Mcgarry. Multiple Dimensions of Private Information: Evidence from the Long-Term Care Insurance Market [J]. American Economic Review, 2006, 96, (4): 938-958.

[160] Finkelstein, A. & J. Poterba. Adverse Selection in Insurance Markets: Policyholder Evidence from the U.K. Annuity Market. [J]. Journal of Political Economy, 2004, 112, (1): 183-208.

[161] Finkelstein, A. & K. M. Mcgarry. Private Information and its Effect on Market Equilibrium: New Evidence from Long-Term Care Insurance [J]. *NBER Working Paper*, 2003, 9957.

[162] Frank, R. G. & J. Glazer. & T.G. Mcguire. Measuring adverse selection in managed health care [J]. Journal of Health Economics, 2000, 19, (6): 829-854.

[163] Ebels, E. Aging, natural death, and the compression of morbidity [J]. New England Journal of Medicine, 1980, 303, (23): 1369-70.

[164] Fuchs, V. R. The supply of surgeons and the demand for operations. [J]. Journal of Human Resources, 1978, 13, (236): 35-56.

[165] Grembowski, D. E. & K.S. Cook. & D. L. Patrick. et al. Managed care and the US health care system: a social exchange perspective [J]. Social Science & Medicine, 2002, 54, (8): 1167-1180.

[166] Grossman, M. On the Concept of Health Capital and the Demand for Health [J]. Journal of Political Economy, 1972, 80, (2): 223-255.

[167] Owings, G. M. Physician Financial Incentives and Cesarean Section Delivery [J]. The RAND Journal of Economics, 1996, 27, (1): 99-123.

[168] Holmström, B. Moral Hazard and Observability [J]. Bell Journal of Economics, 1979, 10, (1): 74-91.

[169] Hughes, J. S. How Well Has Canada Contained the Costs of Doctoring? [J]. JAMA, 1991, 265, (18): 2347-2351.

[170] Jack, W. & L. Sheiner. Welfare-Improving Health Expenditure Subsidies [J]. American Economic Review, 1997, 87, (1): 206-221.

[171] Keeler, E. B. & J. E. Rolph. The demand for episodes of treatment in the health insurance experiment [J]. Journal of Health Economics, 1988, 7, (4): 337-367.

[172] Lamberton, C. E. & W.D. Ellingson. & K. R. Spear. Factors determining the demand for nursing home services [J]. The Quarterly review of economics and business, 1986, 26, (4): 74-90.

[173] Leu, R. The Public-Private Mix and International Health Care Costs [J]. Public & Private Health Services, 1986, 79, (2): 251-277.

[174] Light, D. W. Good managed care needs universal health insurance [J]. Annals of Internal Medicine, 1999, 130, (8): 686-9.

[175] Lubitz, J. D. & G. F. Riley. Trends in Medicare payments in the last year of life. [J]. Health Services Research, 2010, 45, (2): 565-576.

[176] Ma, C. T. A. & T. G. Mcguire. Optimal Health Insurance and Provider Payment [J]. Papers, 1995, 87, (4): 685-704.

[177] Manning, W. G. & J. P. Newhouse. & N. Duan. et al. Health insurance and the demand for medical care: evidence from a randomized experiment [J].Journal of Health Economics, 1987, 77, (3): 251-277.

[178] Newhouse, J. P. Medical Care Costs: How Much Welfare Loss [J].The Journal of Economic Perspectives, 1992, 6, (3): 3-21.

[179] Newhouse, J. P. Medical-Care Expenditure: A Cross-National Survey [J]. *Journal of Human Resources*, 1977, 12, (1): 115-125.

[180] Newhouse, J. P. & J. E. Rolph. & B. Mori. et al. The Effect of Deductibles on the Demand for Medical Care Services [J]. Publications of the American Statistical Association, 1980, 75, (371): 525-533.

[181] Nyman, J. A. Is "Moral Hazard" Inefficient? The Policy Implications of A New Theory [J]. Health Affairs, 2004, 23, (5): 194-199.

[182] Okunade, A. A. & V. N. R. Murthy. Technology as a "major driver" of health care costs: a cointegration analysis of the Newhouse conjecture [J]. Journal of Health Economics, 2002, 21, (1): 147-159.

[183] Pauly, M. V. The Economics of Moral Hazard: Comment [J]. American Economic Review, 1968, 58, (3): 531-537.

[184] Rice, T. H. The impact of changing medicare reimbursement rates on physician-induced demand [J]. Medical Care, 1983, 21, (8): 803-815.

[185] Rosett, R. N. & L. F. Huang. The Effect of Health Insurance on the Demand for Medical Care [J]. Journal of Political Economy, 1973, 81, (2): 281-305.

[186] Saez, M. & C. Murillo. Shared "features" in prices: income and price elasticities for health care expenditures [J]. *Health Economics*, 2010, 3, (4): 267-279.

[187] Spence, M. & R. Zeckhauser. Insurance. Information, and Individual Action [J]. Uncertainty in Economics, 1971, 61, (2): 380-387.

[188] Stigler, G. J. The Theory of Economic Regulation [J]. Bell Journal of Economics, 1971, 2, (1): 3-21.

[189] Verahern ά ndez, M. Structural estimation of a principal-agent model: moral hazard in medical insurance [J].Rand Journal of Economics, 2003, 34, (4): 670-693.

[190] Zweifel, P. & S. Felder. & M. Meiers. Ageing of population and health care expenditure: a red herring [J]. Health Economics, 1999, 8, (6): 485-496.

附 录

表 1 1978—2016 年全国卫生总费用情况

年份	卫生总费用（亿元）	政府卫生支出（亿元）	社会卫生支出（亿元）	个人现金卫生支出（亿元）	人均卫生费用（元）
1978	110.21	35.44	52.25	22.52	11.45
1979	126.19	40.64	59.88	25.67	12.94
1980	143.23	51.91	60.97	30.35	14.51
1981	160.12	59.67	62.43	38.02	16.00
1982	177.53	68.99	70.11	38.43	17.46
1983	207.42	77.63	64.55	65.24	20.14
1984	242.07	89.46	73.61	79.00	23.20
1985	279.00	107.65	91.96	79.39	26.36
1986	315.90	122.23	110.35	83.32	29.38
1987	379.58	127.28	137.25	115.05	34.73
1988	488.04	145.39	189.99	152.66	43.96
1989	615.50	167.83	237.84	209.83	54.61
1990	747.39	187.28	293.10	267.01	65.37
1991	893.49	204.05	354.41	335.03	77.14
1992	1096.86	228.61	431.55	436.70	93.61
1993	1377.78	272.06	524.75	580.97	116.25
1994	1761.24	342.28	644.91	774.05	146.95
1995	2155.13	387.34	767.81	999.98	177.93
1996	2709.42	461.61	875.66	1372.15	221.38
1997	3196.71	523.56	984.06	1689.09	258.58
1998	3678.72	590.06	1071.03	2017.63	294.86
1999	4047.50	640.96	1145.99	2260.55	321.78

续表

年份	卫生总费用（亿元）	政府卫生支出（亿元）	社会卫生支出（亿元）	个人现金卫生支出（亿元）	人均卫生费用（元）
2000	4586.63	709.52	1171.94	2705.17	361.88
2001	5025.93	800.61	1211.43	3013.88	393.80
2002	5790.03	908.51	1539.38	3342.14	450.75
2003	6584.10	1116.94	1788.50	3678.67	509.50
2004	7590.29	1293.58	2225.35	4071.35	583.92
2005	8659.91	1552.53	2586.40	4520.98	662.30
2006	9843.34	1778.86	3210.92	4853.56	748.84
2007	11573.97	2581.58	3893.72	5098.66	875.96
2008	14535.40	3593.94	5065.60	5875.86	1094.52
2009	17541.92	4816.26	6154.49	6571.16	1314.26
2010	19980.91	5732.49	7196.61	7051.29	1490.06
2011	24345.91	7464.18	8416.45	8465.28	1806.95
2012	28119.00	8431.98	10030.70	9656.32	2076.67
2013	31668.95	9545.81	11393.79	10729.34	2327.37
2014	35312.40	10579.23	13437.75	11295.41	2581.66
2015	40974.64	12475.28	16506.71	11992.65	2980.80
2016	46344.88	13910.31	19096.68	13337.90	3351.74

数据来源：中华人民共和国国家统计局（http：//data.stats.gov.cn/easyquery.htm?cn=C01&zb=A0O0K&sj=2016）。

表 2　2001—2016 年全国城镇基本医疗保险年末参保人数

年份	城镇基本医疗保险年末参保人数（万人）	城镇职工基本医疗保险年末参保人数（万人）	城镇居民基本医疗保险年末参保人数（万人）
2001		7285.9	
2002		9401.2	
2003		10901.7	
2004		12403.7	
2005		13782.9	
2006		15731.9	
2007		18020.3	

续表

年份	城镇基本医疗保险年末参保人数（万人）	城镇职工基本医疗保险年末参保人数（万人）	城镇居民基本医疗保险年末参保人数（万人）
2008		19995.6	
2009	40147.0	21937.4	18209.6
2010		23734.7	
2011	47343.2	25227.1	22116.1
2012	53641.3	26485.6	27155.7
2013	57072.6	27443.1	29629.4
2014	59746.9	28296.0	31450.9
2015	66581.6	28893.1	37688.5
2016	74391.6	29531.5	44860.0

注：

1. 城镇职工基本医疗保险参保人数不分地区合计中，包括中国人民银行、中国农业发展银行数。

2.2007 年及以后城镇基本医疗保险基金中包括城镇职工基本医疗保险和城镇居民基本医疗保险。

数据来源：中华人民共和国国家统计局（http：//data.stats.gov.cn/easyquery.htm?cn=C01&zb=A0S0Z&sj=2016）。

表 3 2001—2016 年全国城镇基本医疗保险基金收支情况

年份	城镇基本医疗保险基金收入（亿元）	城镇职工医疗保险基金收入（亿元）	城镇居民医疗保险基金收入（亿元）	城镇基本医疗保险基金支出（亿元）	城镇职工医疗保险基金支出（亿元）	城镇居民医疗保险基金支出（亿元）	城镇基本医疗保险基金累计结余（亿元）	城镇职工医疗保险基金累计结余（亿元）	城镇居民医疗保险基金累计结余（亿元）
2001	383.6			244.1			253.0		
2002	607.8			409.4			450.7		
2003	890.0			653.9			670.6		
2004	1140.5			862.2			957.9		
2005	1405.3			1087.7			1278.1		
2006	1747.1			1276.7			1752.4		
2007	2257.2	2214.2		1561.8	1551.7		2476.9	2440.8	
2008	3040.4	2885.5		2083.6	2019.7		3431.7	3303.6	
2009	3671.9	3420.3		2797.4	2630.1		4275.9	4055.2	
2010	4308.9	3955.4		3538.1	3271.6		5047.1	4741.2	

续表

年份	城镇基本医疗保险基金收入（亿元）	城镇职工医疗保险基金收入（亿元）	城镇居民医疗保险基金收入（亿元）	城镇基本医疗保险基金支出（亿元）	城镇职工医疗保险基金支出（亿元）	城镇居民医疗保险基金支出（亿元）	城镇基本医疗保险基金累计结余（亿元）	城镇职工医疗保险基金累计结余（亿元）	城镇居民医疗保险基金累计结余（亿元）
2011	5539.2	4945.0	594.2	4431.4	4018.3	413.1	6180.0	5683.2	496.8
2012	6938.7	6061.9	876.8	5543.6	4868.5	675.1	7644.5	6884.2	760.3
2013	8248.3	7061.6	1186.6	6801.0	5829.9	971.1	9116.5	8129.3	987.1
2014	9687.2	8037.9	1649.3	8133.6	6696.6	1437.0	10644.8	9449.8	1195.0
2015	11192.9	9083.5	2109.4	9312.1	7531.5	1780.6	12542.8	10997.1	1545.7
2016	13084.3	10273.7	2810.5	10767.1	8286.7	2480.4	14964.3	12971.7	1992.6

注：

1. 城镇职工基本医疗保险参保人数不分地区合计中，包括中国人民银行、中国农业发展银行数。

2.2007 年及以后城镇基本医疗保险基金中包括城镇职工基本医疗保险和城镇居民基本医疗保险。

数据来源：中华人民共和国国家统计局（http：//data.stats.gov.cn/easyquery.htm?cn=C01&zb=A0S0Z&sj=2016）。

表 4　2004—2014 年全国新型农村合作医疗开展情况

年份	县级区划数（个）	开展新型农村合作医疗县（区、市）数（个）	参加新型农村合作医疗人数（亿人）	新型农村合作医疗参合率（%）	新型农村合作医疗人均筹资（元）	新型农村合作医疗当年基金支出（亿元）	新型农村合作医疗本年度筹资总额（亿元）	新型农村合作医疗补偿受益人次（亿人次）
2004	2862	333	0.80	75.2	50.36	27.37		0.76
2005	2862	678	1.79	75.7	42.09	61.75		1.22
2006	2860	1451	4.10	80.7	52.10	155.80		2.72
2007	2859	2451	7.26	86.2	58.95	346.63		4.53
2008	2859	2729	8.15	91.5	96.30	662.30	784.58	5.85
2009	2858	2716	8.33	94.2	113.40	922.90		7.59
2010	2856	2678	8.36	96.0	156.60	1187.80	1308.33	10.87
2011	2863	2637	8.32	97.5	246.21	1710.19	2047.56	13.15
2012	2852	2566	8.05	98.3	308.50	2408.00	2484.70	17.45
2013	2853	2489	8.02	99.0	370.59	2908.00	2972.48	19.42
2014	2854		7.36	98.9	410.89	2890.40	3025.28	16.52

数据来源：中华人民共和国国家统计局（http：//data.stats.gov.cn/easyquery.htm?cn=C01&zb=A0O0J&sj=2016）。

表 5　2013 年我国调查两周新发病例未就诊比例　（%）

发病时间	合计	城市				农村			
		小计	东部	中部	西部	小计	东部	中部	西部
新发病例未就诊比例（%）	27.3	32.9	34.0	31.7	32.8	22.0	21.2	22.8	22.2
男性	26.9	33.4	35.9	31.9	32.6	21.1	19.7	21.7	22.3
女性	27.6	32.5	32.4	31.6	33.0	22.8	22.6	23.8	22.1

数据来源：国家卫生计生委统计信息中心. 2013 年第五次国家卫生服务调查分析报告。http://www.nhc.gov.cn/ewebeditor/uploadfile/2016/10/20161026163512679.pdf.

表 6　2013 年我国调查两周患新发病例未就诊原因构成　（%）

原因	合计	城市				农村			
		小计	东部	中部	西部	小计	东部	中部	西部
自感病轻	69.8	71.0	73.8	73.3	68.0	68.1	72.2	69.8	61.5
经济困难	7.6	7.7	4.5	10.5	8.3	7.4	4.4	6.9	11.5
就诊麻烦	5.2	5.6	6.8	5.0	5.1	4.6	5.3	4.8	3.6
无时间	4.5	4.2	4.5	2.5	4.9	4.9	3.8	4.8	6.3
其他	13.0	11.6	10.4	8.7	13.7	15.0	14.3	13.8	17.1

数据来源：国家卫生计生委统计信息中心. 2013 年第五次国家卫生服务调查分析报告。http://www.nhc.gov.cn/ewebeditor/uploadfile/2016/10/20161026163512679.pdf.

表 7　1997—2016 年全国医疗保险基金收支情况

年份	医疗保险基金收入（亿元）	医疗保险基金支出（亿元）	医疗保险累计结余（亿元）
1997	52.3	40.5	16.6
1998	60.6	53.3	20.0
1999	89.9	69.1	57.6
2000	170.0	124.5	109.8
2001	383.6	244.1	253.0
2002	607.8	409.4	450.7
2003	890.0	653.9	670.6
2004	1140.5	862.2	957.9
2005	1405.3	1078.7	1278.1
2006	1747.1	1276.7	1752.4
2007	2257.2	1561.8	2476.9

续表

年份	医疗保险基金收入（亿元）	医疗保险基金支出（亿元）	医疗保险累计结余（亿元）
2008	3040.4	2083.6	3431.7
2009	3671.9	2797.4	4275.9
2010	4308.9	3538.1	5047.1
2011	5539.2	4431.4	6180.0
2012	6938.7	5543.6	7644.5
2013	8248.3	6801.0	9116.5
2014	9687.2	8133.6	10644.8
2015	11192.9	9312.1	12542.8
2016	13084.3	10767.1	14964.3

数据来源：中华人民共和国国家统计局（http：//data.stats.gov.cn/easyquery.htm?cn=C01&zb=A0S0U&sj=2016）。

表 8　2013 年全国调查人口需住院未住院比例　（%）

性别	合计	城市				农村			
		小计	东部	中部	西部	小计	东部	中部	西部
合计	17.1	17.6	13.7	20.8	17.5	16.7	13.6	16.6	19.0
男性	17.4	17.7	13.6	21.5	17.1	17.1	14.4	16.5	19.9
女性	16.9	17.5	13.8	20.2	17.9	16.3	13.0	16.6	18.3

数据来源：国家卫生计生委统计信息中心 . 2013 年第五次国家卫生服务调查分析报告 http://www.nhc.gov.cn/ewebeditor/uploadfile/2016/10/20161026163512679.pdf

表 9　2013 年全国调查人口不同原因需住院未住院比例　（%）

原因	合计	城市				农村			
		小计	东部	中部	西部	小计	东部	中部	西部
经济困难	7.4	7.2	3.7	9.9	7.6	7.5	5.5	8.3	8.3
自认没必要	4.1	4.4	5.0	5.1	3.2	3.8	3.0	3.1	5.0
没有时间	2.0	1.7	1.4	1.5	2.2	2.2	1.9	2.0	2.6
无床位	0.3	0.4	0.7	0.3	0.3	0.2	0.5	0.0	0.2
其他原因	3.4	3.8	3.0	4.0	4.2	3.0	2.7	3.2	2.9

数据来源：国家卫生计生委统计信息中心 . 2013 年第五次国家卫生服务调查分析报告 http://www.nhc.gov.cn/ewebeditor/uploadfile/2016/10/20161026163512679.pdf

表 10 1995—2016 年全国人均卫生费用情况

年份	人均卫生费用（元）	城市人均卫生费用（元）	农村人均卫生费用（元）
1995	177.93	401.28	101.48
1996	221.38	467.43	134.34
1997	258.58	537.85	157.16
1998	294.86	625.94	194.63
1999	321.78	701.98	203.22
2000	361.88	812.95	214.93
2001	393.80	841.20	244.77
2002	450.75	987.07	259.33
2003	509.50	1108.91	274.67
2004	583.92	1261.93	301.61
2005	662.30	1126.36	315.83
2006	748.84	1248.30	361.89
2007	875.96	1516.29	358.11
2008	1094.52	1861.76	455.19
2009	1314.26	2176.63	561.99
2010	1490.06	2315.48	666.30
2011	1806.95	2697.48	879.44
2012	2076.67	2999.28	1064.83
2013	2327.37	3234.12	1274.44
2014	2581.66	3558.31	1412.21
2015	2980.80		
2016	3351.74		

数据来源：中华人民共和国国家统计局 http：//data.stats.gov.cn/easyquery.htm?cn=C01&zb=A0O0K&sj=2016

表 11 2005—2016 年全国医院总数

年份	医院总数（个）	公立医院（个）	民营医院（个）
2005	18703	15483	3220
2006	19246	15141	4105

续表

年份	医院总数（个）	公立医院（个）	民营医院（个）
2007	19852	14900	4952
2008	19712	14309	5403
2009	20291	14051	6240
2010	20918	13850	7068
2011	21979	13539	8440
2012	23170	13384	9786
2013	24709	13396	11313
2014	25860	13314	12546
2015	27587	13069	14518
2016	29140	12708	16432

数据来源：中华人民共和国国家卫生和计划生育委员会.2017 中国卫生和计划生育统计年鉴 [M]. 北京：中国协和医科大学出版社，2017.

表 12　2005—2016 年全国各类医院诊疗人次数

（单位：万人次）

医院类型＼年份	2005	2006	2007	2008	2009	2010
公立医院	132003.0	138576.5	152650.0	164911.4	176890.1	187381.1
民营医院	6650.4	8524.8	11119.5	13255.5	15303.8	16582.2
医院类型＼年份	2011	2012	2013	2014	2015	2016
公立医院	205254.4	228866.3	245510.6	264741.6	271243.6	284771.6
民营医院	20629.3	25295.3	28667.1	32465.4	37120.5	42184.3

数据来源：中华人民共和国国家卫生和计划生育委员会.2017 中国卫生和计划生育统计年鉴 [M]. 北京：中国协和医科大学出版社，2017.

中华人民共和国国家卫生和计划生育委员会.2012 中国卫生统计年鉴 [M]. 北京：中国协和医科大学出版社，2012.

表 13　2005—2016 年全国各类医院入院人数

（单位：万人）

医院类型＼年份	2005	2006	2007	2008	2009	2010
公立医院	4900.2	5270.3	6078.7	6872.6	7809.7	8724.2
民营医院	207.8	291.9	408.5	519.4	678.4	799.5

续表

年份 医院类型	2011	2012	2013	2014	2015	2016
公立医院	9707.5	11331.2	12315.2	13414.8	13721.4	14750.5
民营医院	1047.3	1396.3	1692.3	1960.3	2365.4	2777.2

数据来源：中华人民共和国国家卫生和计划生育委员会.2017 中国卫生和计划生育统计年鉴 [M]. 北京 : 中国协和医科大学出版社，2017.

中华人民共和国国家卫生和计划生育委员会.2012 中国卫生统计年鉴 [M]. 北京 : 中国协和医科大学出版社，2012.

表 14 1960—2007 年部分国家卫生总费用占 GDP 的比例

（单位：%）

国家	1960	1970	1980	1990	1995	2000	2007	1960-2007 年的变化
澳大利亚	4.1	5.0	7.0	7.8	8.2	8.3	8.9	4.8
奥地利	4.3	5.3	7.6	7.1	8.2	9.9	10.1	5.8
比利时	3.4	7.0	6.4	7.4	8.6	9.1	9.4	6.0
加拿大	5.4	7.0	7.1	9.0	9.2	8.8	10.1	4.7
丹麦	3.6	6.1	9.1	8.5	8.2	8.3	9.8	6.2
芬兰	3.8	5.6	6.4	7.8	7.5	7.2	8.2	4.4
法国	4.2	5.8	7.6	8.6	9.5	10.1	11.0	6.8
德国①	4.7	6.2	8.7	8.5	10.6	10.3	10.4	5.7
希腊	3.2	6.1	6.6	7.4	9.6	7.9	9.6	6.4
爱尔兰	3.7	5.1	8.4	6.1	6.2	6.3	7.6	3.9
意大利	3.3	4.8	6.8	8.0	7.4	8.1	8.7	5.4
日本	3.0	4.5	6.4	5.9	6.8	7.7	8.0	5.0
荷兰	3.9	6.9	7.5	8.0	8.4	8.0	8.9	5.0
瑞典	4.7	6.7	8.8	8.2	8.1	8.2	9.1	4.4
英国	3.9	4.5	5.6	6.0	7.0	7.0	8.4	4.5
美国	5.1	7.0	8.8	12.0	13.4	13.4	15.7	10.6

数据来源：OECD 中文官方网站（http：//www.oecdchina.org/）。

① 注：德国（联邦德国，直到 1990 年）。

表 15　2005—2010 年部分国家卫生总支出占 GDP 的比重

（单位：%）

国家	2005	2006	2007	2008	2009	2010
澳大利亚	8.5	8.5	8.6	8.8	9.0	8.9
奥地利	10.4	10.2	10.3	10.5	11.2	11.0
比利时	10.0	9.5	9.5	9.9	10.6	10.5
加拿大	9.8	10.0	10.0	10.3	11.4	11.4
智利	6.6	6.3	6.5	7.1	7.9	7.4
捷克	6.9	6.7	6.5	6.8	8.0	7.4
丹麦	9.8	9.9	10.0	10.2	11.5	11.1
爱沙尼亚	5.0	5.0	5.2	6.1	7.0	6.3
芬兰	8.4	8.3	8.0	8.3	9.2	9.0
法国	11.0	11.0	10.9	11.0	11.7	11.7
德国	10.8	10.6	10.5	10.7	11.8	11.5
希腊	9.7	9.7	9.8	10.1	10.2	9.5
匈牙利	8.4	8.3	7.7	7.5	7.7	8.0
冰岛	9.4	9.1	9.1	9.1	9.6	9.3
爱尔兰	7.6	7.5	7.9	9.1	10.0	9.3
以色列	7.9	7.6	7.6	7.7	7.7	7.7
意大利	8.7	8.8	8.5	8.9	9.4	9.4
日本	8.2	8.2	8.2	8.6	9.5	9.6
韩国	5.6	6.1	6.4	6.6	7.1	7.3
卢森堡	7.9	7.7	7.1	7.2	8.0	7.2
墨西哥	5.9	5.7	5.8	5.8	6.4	6.2
荷兰	10.9	10.7	10.8	11.0	11.9	12.1
新西兰	8.4	8.8	8.5	9.3	10.0	10.2
挪威	9.0	8.6	8.7	8.6	9.7	9.4
波兰	6.2	6.2	6.3	6.9	7.2	7.0
葡萄牙	10.4	10.0	10.0	10.2	10.8	10.8
斯洛伐克	7.0	7.3	7.8	8.0	9.2	9.0
斯洛文尼亚	8.4	8.3	7.9	8.3	9.2	8.9
西班牙	8.3	8.4	8.5	8.9	9.6	9.6

续表

国家	2005	2006	2007	2008	2009	2010
瑞典	9.1	8.9	8.9	9.2	9.9	9.5
瑞士	10.9	10.4	10.2	10.3	11.0	10.9
英国	8.3	8.4	8.5	9.0	9.9	9.6
美国	15.8	15.9	16.2	16.6	17.7	17.7

数据来源：OECD 中文官方网站（http：//www.oecdchina.org/）。

表 16　2007 年部分国家卫生费用构成及政府卫生支出占比情况

国家	卫生费用构成（政府部分）（%）	卫生费用构成（个人部分）（%）	政府卫生支出占财政支出百分比（%）
加拿大	70.0	30.0	18.1
美国	45.5	54.5	19.5
澳大利亚	67.5	32.5	17.6
英国	81.7	18.3	15.6
法国	79.0	21.0	16.6
德国	76.9	23.1	18.2
芬兰	74.6	25.4	12.9
丹麦	84.5	15.5	16.2
巴西	41.6	58.4	5.4
墨西哥	45.4	54.6	15.5
古巴	95.5	4.5	14.5
新加坡	32.6	67.4	7.2
马来西亚	44.4	55.6	6.9
埃及	38.1	61.9	7.1
南非	41.4	58.6	10.8
俄罗斯	64.2	35.8	10.2
中国	44.7	55.3	9.9
日本	81.3	18.7	17.9
韩国	54.9	45.1	12.1
泰国	73.2	26.8	13.1
印度	26.2	73.8	3.7

续表

国家	卫生费用构成（政府部分）（%）	卫生费用构成（个人部分）（%）	政府卫生支出占财政支出百分比（%）
越南	39.3	60.7	8.7

数据来源：世界卫生组织：《2010年世界卫生统计》（http://www.who.int/gho/publications/world_health_statistics/zh/）。

表17　1980—1998年部分国家医疗部门的年度复利式增长率

（单位：%）

组成＼国家	加拿大	法国	德国	日本	英国	美国
名义卫生支出	7.06	7.37	6.09	4.75	8.09	8.45
名义人均卫生支出	5.88	6.87	4.50	4.32	7.81	7.48
实际卫生支出	2.98	4.21	3.45	3.29	2.23	3.14
实际人均卫生支出	1.71	3.69	1.62	2.81	1.95	2.16

资料来源：OECD中文官方网站（www.oecdchina.org/）。

表18　1991—2016年中国国家财政卫生支出情况

年份	国家财政卫生支出（亿元）	中央财政卫生支出（亿元）	地方财政卫生支出（亿元）
1991	145.53	3077	141.76
1992	167.23	4.05	163.18
1993	201.77	4.34	197.43
1994	257.29	5.56	251.73
1995	297.31	5.99	291.32
1996	348.86	7.00	341.86
1997	390.71	7.83	382.88
1998	414.85	8.62	406.23
1999	445.68	7.19	438.49
2000	489.71	7.32	482.39
2001	569.30	11.76	557.54
2002	635.04	17.25	617.79
2003	778.05	22.07	755.98
2004	854.64	22.39	832.25

续表

年份	国家财政卫生支出（亿元）	中央财政卫生支出（亿元）	地方财政卫生支出（亿元）
2005	1036.81	21.26	1015.55
2006	1320.23	24.23	1296.00
2007	1989.96	34.21	1955.75
2008	2757.04	46.78	2710.26
2009	3994.19	63.50	3930.69
2010	4804.18	73.56	4730.62
2011	6429.51	71.32	6358.19
2012	7245.11	74.29	7170.82
2013	8279.90	76.70	8203.20
2014	10176.80	90.25	10086.56
2015	11953.18	84.51	11868.67
2016	13158.80	91.16	13067.61

数据来源：中华人民共和国国家统计局．中国统计年鉴（1992-2017）[M]. 北京：中国统计出版社，2008.

表 19　2013 年调查就诊者对就诊总体情况不满意的原因构成　（%）

最不满意方面	合计	城市				农村			
		小计	东部	中部	西部	小计	东部	中部	西部
医疗费用高	40.0	39.6	29.8	44.8	44.6	40.7	44.6	28.8	48.1
技术水平低	16.1	16.5	16.0	17.9	16.1	15.4	16.1	19.2	11.1
服务态度差	13.8	14.7	20.2	13.4	10.7	12.3	14.3	15.4	7.4
收费不合理	7.1	5.9	8.5	3.0	5.4	9.3	7.1	7.7	13.0
等候时间过长	5.7	7.3	9.6	3.0	8.0	3.1	1.8	3.8	3.7
看病手续烦琐	3.9	4.8	1.1	4.5	8.0	2.5	3.6	3.8	0.0
药品种类少	3.4	1.8	3.2	1.5	0.9	6.2	3.6	3.8	11.1
提供不必要服务	2.3	2.9	3.2	4.5	1.8	1.2	0.0	1.9	1.9
设备条件差	1.4	0.7	1.1	0.0	0.9	2.5	1.8	5.8	0.0
环境条件差	1.4	1.1	1.1	3.0	0.0	1.9	3.6	1.9	0.0
其他	4.9	4.7	4.7	4.5	3.6	4.9	3.6	7.7	3.7

数据来源：国家卫生计生委统计信息中心．2013 年第五次国家卫生服务调查分析报告 http://www.nhc.gov.cn/ewebeditor/uploadfile/2016/10/20161026163512679.pdf

表 20　选定年份调查地区居民两周患病率

（单位：%）

年份	合计	城市	农村
1993	14.0	17.5	12.8
1998	15.0	18.7	13.7
2003	14.3	15.3	14.0
2008	18.9	22.2	17.7
2013	24.1	28.2	20.2

数据来源：卫生部统计信息中心.2008 中国卫生服务调查研究 [M]. 北京：中国协和医科大学出版社，2013:23. 中华人民共和国国家卫生和计划生育委员会. 2017 中国卫生和计划生育统计年鉴 [M]. 北京，中国协和医科大学出版社，2017：234.

表 21　选定年份调查地区居民两周患疾病严重程度

项目	1993	1998	2003	2008	2013
每千人患病天数	1117	1257	1093	1537	2237
每千人休工天数	239	308	194	90	141
每千人休学天数	88	89	50	40	24
每千人卧床天数	123	113	170	185	169

数据来源：卫生部统计信息中心.2008 中国卫生服务调查研究 [M]. 北京：中国协和医科大学出版社，2013:28、29. 华人民共和国国家卫生和计划生育委员会.2017 中国卫生和计划生育统计年鉴 [M]. 北京：中国协和医科大学出版社，2017:237.

表 22　2013 年调查住院患者对住院总体情况不满意的原因构成　（%）

最不满意方面	合计	城市				农村			
		小计	东部	中部	西部	小计	东部	中部	西部
医疗费用高	40.2	42.3	35.8	47.1	42.1	36.7	44.4	28.4	42.6
技术水平低	16.1	14.9	18.5	11.8	15.4	18.2	15.2	19.3	19.1
服务态度差	14.8	13.8	14.8	7.6	18.9	16.4	13.1	18.8	15.7
收费不合理	7.1	8.2	4.3	15.1	4.2	5.1	4.0	6.3	4.3
提供不必要服务	4.9	5.9	5.6	7.6	4.6	3.1	2.0	5.1	0.9
设备条件差	3.5	2.9	1.9	3.8	2.7	4.6	2.0	5.1	6.1

续表

最不满意方面	合计	城市				农村			
		小计	东部	中部	西部	小计	东部	中部	西部
环境条件差	3.2	2.1	3.7	2.5	0.8	5.1	7.1	5.1	3.5
药品种类少	2.3	1.7	3.1	1.7	0.8	3.3	2.0	5.7	0.9
看病手续烦琐	1.3	1.2	2.5	0.4	1.2	1.5	3.0	1.1	0.9
等候时间过长	1.1	1.5	1.9	0.0	2.7	0.5	1.0	0.6	0.0
其他	5.5	5.5	8.0	2.5	6.6	5.5	6.1	4.5	6.1

数据来源：2013 年第五次国家卫生服务调查分析报告，第 59 页。

表 23　2013 年调查老年人口不同原因需住院而未住院比例　（%）

原因	合计	城市				农村			
		小计	东部	中部	西部	小计	东部	中部	西部
经济困难	7.9	6.8	5.0	5.7	3.8	4.2	3.0	3.9	5.5
自认为没必要	4.5	4.8	5.0	5.7	3.8	4.2	3.0	3.9	5.5
无时间	1.4	1.2	0.7	1.1	1.8	1.7	1.6	1.4	2.0
无有效措施	0.9	1.0	0.6	1.0	1.2	0.9	0.9	1.2	0.7
无床位	0.5	0.6	1.0	0.4	0.4	0.3	0.5	0.1	0.3
医院服务差	0.1	0.1	0.1	0.1	0.0	0.0	0.1	—	—
其他	2.9	3.2	2.4	3.3	3.7	2.5	2.1	2.7	2.5

数据来源：2013 年第五次国家卫生服务调查分析报告，第 113 页。

表 24　2013 年调查低收入人口不同原因需住院未住院比例　（%）

未住院原因	合计		城市		农村	
	低收入人口	全人口	低收入人口	全人口	低收入人口	全人口
经济困难	13.9	7.4	14.9	7.2	13.0	7.5
没必要	3.7	4.1	4.2	4.4	3.2	3.8
无时间	1.3	2.0	1.2	1.7	1.3	2.2
无有效措施	0.7	0.8	0.9	0.9	0.6	0.7
无床位	0.3	0.3	0.2	0.4	0.3	0.2
医院服务差	0.0	0.1	0.0	0.1	–	0.0
其他	2.5	2.5	2.8	2.7	2.3	2.2

数据来源：2013 年第五次国家卫生服务调查分析报告，第 123 页。

表 25　2010-2016 年全国公立医院收入与支出

指标名称	2010	2012	2013	2014	2015	2016
平均每所医院总收入（万元）	7179.3	10950.6	12666.8	14610.2	16498.5	18915.7
其中：医疗收入	6440.1	9795.7	11361.5	13149.0	14612.4	16721.5
门诊收入	2318.7	3410.5	3934.1	4548.3	5048.3	5703.5
内：药品收入	1212.1	1750.4	1975.7	2242.3	2441.1	2664.1
住院收入	4121.4	6385.2	7427.4	8600.7	9564.1	11017.9
内：药品收入	1788.6	2638.4	2945.2	3306.4	3529.3	3814.7
财政补助收入	586.9	892.8	1006.3	1125.9	1480.1	1727.0
平均每所医院总费用（万元）	6872.0	10438.5	12085.4	13939.8	15996.5	18386.1
其中：医疗业务成本	2488.1	8408.2	9931.3	11596.6	13263.2	15333.8
内：药品费	1650.0	3715.1	4241.5	4861.0	5322.1	5916.2

数据来源：中华人民共和国国家卫生和计划生育委员会. 2017 中国卫生和计划生育统计年鉴 [M]. 北京：中国协和医科大学出版社，2017：103

表 26　2010—2012 年部分 OECD 国家卫生经费

国家	卫生总费用占 GDP%			卫生总费用构成（%）					
				政府卫生支出			个人卫生支出		
	2000	2011	2012	2000	2011	2012	2000	2011	2012
澳大利亚	8.1	9.0	8.9	66.8	67.6	67.0	33.2	32.4	33.0
奥地利	10.0	11.3	11.1	75.6	75.3	75.9	24.4	24.7	24.1
比利时	8.1	10.5	10.9	74.6	75.9	75.2	25.4	24.1	24.8
加拿大	8.7	10.9	10.9	70.4	70.4	70.1	29.6	29.6	29.9
智利	7.2	7.1	7.3	36.1	48.4	47.7	63.9	51.6	52.3
捷克	6.3	7.5	7.5	90.3	84.2	84.0	9.7	15.8	16.0
斯洛伐克	5.5	7.9	8.1	89.4	70.9	69.7	10.6	29.1	30.3
斯洛文尼亚	8.3	8.9	9.4	74.0	73.7	71.5	26.0	26.3	28.5
西班牙	7.2	9.3	9.3	71.6	73.0	71.7	28.4	27.0	28.3
瑞典	8.2	9.5	9.6	84.9	81.6	81.3	15.1	18.4	18.7
瑞士	9.9	11.0	11.4	55.4	64.9	65.8	44.6	35.1	34.2
土耳其	4.9	6.1	5.4	62.9	72.7	76.8	37.1	27.3	23.2
英国	6.9	9.4	9.3	79.1	82.8	84.0	20.9	17.2	16.0

国家	卫生总费用占 GDP%			卫生总费用构成（%）					
				政府卫生支出			个人卫生支出		
	2000	2011	2012	2000	2011	2012	2000	2011	2012
美国	13.1	17.7	17.0	43.0	47.8	47.0	57.0	52.2	53.0

续表

政府卫生支出占政府总支出%			社会医保支出占政府卫生支出%			人均卫生费用（美元）			人均政府卫生支出（美元）		
2000	2011	2012	2000	2011	2012	2000	2011	2012	2000	2011	2012
15.1	17.2	17.8	0.0	0.0	0.0	1714	5991	6097	1145	4052	4085
14.6	16.9	16.3	58.6	53.6	55.1	2406	5643	5206	1820	4251	3951
12.3	15.0	14.9	85.4	86.2	85.5	1845	4914	4742	1377	3730	3567
15.1	17.4	18.5	1.9	2.0	1.9	2100	5656	5763	1477	3982	4037
11.0	14.8	14.9	19.3	11.4	9.2	364	1022	1106	131	495	528
13.7	14.6	14.2	89.5	92.3	92.7	361	1545	1411	326	1301	1186
9.4	14.7	14.9	94.4	89.6	90.0	208	1415	1377	186	1004	960
13.1	12.8	13.8	93.7	93.4	91.3	831	2171	2069	615	1600	1479
13.2	15.0	13.9	9.6	6.3	6.6	1045	2978	2626	749	2175	1883
12.6	15.1	15.0	0.0	—	0.0	2282	5419	5293	1938	4423	4301
15.4	21.1	22.1	72.8	70.8	69.2	3541	9248	9071	1963	6001	5970
9.8	12.8	10.7	55.6	57.0	64.1	197	644	569	124	469	437
15.1	16.0	16.2	0.0	-	0.0	1761	3659	3595	1394	3031	3019
16.8	20.3	20.0	83.7	86.0	87.3	4818	8467	8845	2074	4047	4153

数据来源：中华人民共和国国家卫生和计划生育委员会. 2017 中国卫生和计划生育统计年鉴 [M]. 北京：中国协和医科大学出版社，2017：392–399

表 27 1998—2014 年山东省卫生费用情况（一）

年份	卫生总费用（亿元）	政府卫生支出		社会卫生支出		个人现金卫生支出	
		绝对数（亿元）	占卫生总费用比重（%）	绝对数（亿元）	占卫生总费用比重（%）	绝对数（亿元）	占卫生总费用比重（%）
1998	195.71	30.66	15.67	56.62	28.93	108.43	55.40
1999	227.96	31.96	14.02	58.05	25.46	137.96	60.52

续表

年份	卫生总费用（亿元）	政府卫生支出		社会卫生支出		个人现金卫生支出	
		绝对数（亿元）	占卫生总费用比重（%）	绝对数（亿元）	占卫生总费用比重（%）	绝对数（亿元）	占卫生总费用比重（%）
2000	271.98	34.96	12.85	67.16	24.69	169.85	62.45
2001	301.92	39.60	13.12	90.42	29.95	171.89	56.93
2002	353.46	48.42	13.70	96.92	27.42	208.13	58.88
2003	399.68	59.13	14.79	117.92	29.50	222.64	55.70
2004	448.60	69.68	15.53	136.31	30.39	242.61	54.08
2005	542.13	83.83	15.46	168.77	31.13	289.53	53.41
2006	650.10	108.89	16.75	219.95	33.83	321.26	49.42
2007	801.02	148.01	18.48	272.91	34.07	380.10	47.45
2008	987.17	193.19	19.57	359.72	36.44	434.26	43.99
2009	1163.20	254.02	21.84	428.68	36.85	480.51	41.31
2010	1345.30	327.40	24.34	497.02	36.95	520.88	38.72
2011	1648.65	425.10	25.78	616.02	37.37	607.53	36.85
2012	1928.88	498.38	25.84	726.42	37.66	704.09	36.50
2013	2245.97	571.45	25.44	874.71	38.95	799.80	35.61
2014	2484.16	619.70	24.95	1039.50	41.84	824.97	33.21

表 28　1998—2014 年山东省卫生费用情况（二）

年份	人均卫生总费用（元）	卫生总费用占 GDP 的比重（%）	政府卫生支出占财政支出（%）	政府卫生支出占 GDP（%）
1998	221.44	2.79	6.29	0.44
1999	256.63	3.04	5.81	0.43
2000	302.30	3.26	5.70	0.42
2001	333.94	3.28	5.25	0.43
2002	389.19	3.44	5.89	0.49
2003	438.01	3.31	5.85	0.49
2004	488.67	2.99	5.86	0.46
2005	586.21	2.93	5.72	0.46
2006	698.36	2.94	5.94	0.50

续表

年份	人均卫生总费用（元）	卫生总费用占 GDP 的比重（%）	政府卫生支出占财政支出（%）	政府卫生支出占 GDP（%）
2007	855.15	3.08	6.54.	0.57
2008	1048.25	3.18	7.14	0.62
2009	1228.26	3.43	7.77	0.75
2010	1403.13	3.43	7.90	0.84
2011	1710.70	3.63	8.50	0.94
2012	1991.65	3.86	8.44	1.00
2013	2307.49	4.11	8.54	1.05
2014	2537.60	4.18	8.63	1.04

数据来源：山东省卫生和计划生育委员会. 山东卫生计生统计年鉴（2016）[M]. 香港：中国图书出版社，2017：174.

表 29　2011—2015 年四川省卫生总费用情况

指标	2011	2012	2013	2014	2015
卫生总费用（亿元）	1221.03	1405.91	1675.24	1876.97	2164.33
政府卫生支出	414.61	473.89	546.11	592.32	696.24
社会卫生支出	391.38	467.31	556.02	688.86	825.99
个人卫生支出	415.04	464.71	573.11	595.79	642.10
卫生总费用构成（%）					
政府卫生支出	33.96	33.71	32.60	31.56	32.17
社会卫生支出	32.05	33.24	33.19	36.70	38.16
个人卫生支出	33.99	33.05	34.21	31.74	29.67
卫生总费用占 GDP 百分比（%）	5.81	5.89	6.38	6.58	7.90
卫生弹性系数	1.17	1.13	1.91	1.40	2.30
政府卫生支出占财政支出百分比（%）	8.87	8.69	8.78	8.73	9.29

注：本表按当年价格计算

数据来源：四川省卫生和计划生育委员会. 四川卫生和计划生育统计年鉴（2016）[M]. 成都：西南交通大学出版社，2017：16.